법화경 한글 사경 ①

(제1 서품~제3 비유품)

김현준 옮김

법화경을 사경하면 제불께서 지켜주어
한량없는 공덕과 복 안정된 삶 얻게 되고
원하는 바 뜻과 같이 만족스레 성취하며
마침내는 신통력과 무생법인 증득하리

새벽숲

차 례 / 법·화·경·한·글·사·경

· 법화경 사경과 영험

화엄경과 함께 대승불교 최상의 경전으로 받들어지고 있는 법화경(일명 묘법연화경). 석가모니불께서 모든 중생을 일불승―佛乘의 수레에 태워 부처님 되게 하고자, 열반 전의 6년동안 영축산에서 설하셨다는 법화경. 이 경전의 복덕은 참으로 크고 넓고 깊습니다.

법화경을 사경해보십시오. 법화경을 눈으로 보고 입으로 외우고 손으로 쓰고 마음에 새기는 사경기도는 어떤 기도보다 크나큰 성취를 안겨주며, 우리의 삶을 밝고 바르고 행복한 쪽으로 나아가게 만듭니다.

더욱이 이 법화경을 사경하고 독송하면 대우주 법계의 한량없는 가피가 저절로 찾아들어 밝은 지혜를 이루게 될 뿐 아니라, 경제적인 풍요 · 집안평안 · 시험합격 · 영가천도 등의 갖가지 소원을 쉽게 성취할 수 있습니다.

특히 다음과 같은 원의 성취를 바란다면 법화경을 사경하십시오.

· 불법 속에서 흔들림 없는 믿음을 얻고 크게 향상하고자 할 때
· 경제적인 풍요와 사업의 번창 등을 바랄 때
· 업장을 녹이고 소원을 성취하고자 할 때
· 구하는 바를 뜻과 같이 이루고자 할 때
· 가족의 화목과 집안의 평온과 복되고 안정된 삶을 원할 때
· 수명을 잇고 내생에 좋은 국토에 태어나고자 할 때
· 입시 등 각종 시험의 합격과 보다 높은 자리로 승진되기를 바랄 때
· 각종 병환 · 빈궁함 · 천박함 · 재난 · 근심걱정 없이 살고자 할 때
· 부모 및 일가친척의 영가를 잘 천도시키고자 할 때
· 각종 귀신 및 마구니의 장애에서 벗어나고 선신의 보호를 받고자 할 때
· 마음공부를 성취하여 마침내 성불하고자 할 때

이 밖에도 법화경 사경의 영험은 이루 다 말할 수 없으며, 옛 법화경 영험 담들을 보면 사경을 하고자 굳게 결심을 하거나 사경을 시작하면 곧바로 업도 바뀌기 시작한다는 것을 알 수가 있습니다. 부디 강하게 마음을 먹고 힘써 사경하기를 두 손 모아 청하옵니다.

· 법화경 사경의 순서

1. 매번 경문을 쓰기 전에

① 먼저 3배를 올리고,

"시방세계에 가득하신 불보살님이시여, 감사합니다.
부처님 잘 모시고 법화경의 가르침을 잘 받들며 살겠습니다."(3번)

② 이렇게 기본적인 축원을 세 번 한 다음, 꼭 성취되기를 바라는 일상의 소원들을 함께 축원하십시오. 예를 들겠습니다,

"대자대비하신 영산회상 불보살님이시여. 가피를 내려 저희 가족 모두 늘 건강하옵고 뜻과 같이 이루어지이다. 또한 지금 하는 일이 잘 되어 경제적으로 풍요로워지고 가족 모두 복된 삶을 이루게 하옵소서."(3번)

이 예와 같이 구체적인 소원들을 문장으로 만들어 8페이지의 '법화경 사경 발원문' 난에 써놓고, 사경하기 전과 사경을 마친 다음 축원을 하면 좋습니다. 이때의 축원은 어떠한 것이라도 좋습니다. 꼭 이루어졌으면 하는 소원들을 불보살님께 솔직하게 바치면 됩니다.

③ 마지막으로 '세세생생 부처님과 법화경의 가르침을 잘 받들며 살겠습니다'를 세 번 염한 다음, 개법장진언과 '나무 일승최상법문 묘법연화경'을 세 번 외우고, 사경을 시작하면 됩니다.

2. 경문을 쓸 때

① 한글 법화경 본문을 사경할 때는 옅게 인쇄한 글씨만을 덧입혀 쓰고, 한자나 진하게 인쇄한 글자·따옴표·중점·쉼표 등은 쓰지 않습니다.

② 사경을 할 때 바탕글씨와 똑같은 글자체로 쓰려고 애를 쓰는 분이 있는데, 꼭 그렇게 쓸 필요는 없습니다. 바탕글씨를 크게 벗어나지 않는 범위 내에서 자기 필체로 쓰면 됩니다.

③ 법화경을 한자로 쓰지 않고 원문의 뜻을 한글로 풀어놓은 번역본을 쓰는데는 까닭이 있습니다. 사경하는 내가 내용을 이해하지 못하고 글자만 쓰게 되면, 감동이 없을 뿐 아니라 공덕 또한 크게 떨어지기 때문입니다. 스스로 뜻을 새기고 이해를 하며 쓰는 것이 무엇보다 중요하다는 것을 꼭 명심하시기 바랍니다.

④ 사경을 하다가 특별히 마음에 와 닿는 구절이 있거나 새기고 싶은 내용이 있으면 다시 한 번 읽으면서 사색에 잠기는 것도 좋습니다. 또 경전 본문을 거듭 노래로 엮은 '중송重頌' 부분을 쓸 때는 환희심을 품고 음률을 넣어 조용한 음성으로 읽으면 더욱 좋습니다 (물론 속으로만 읽으며 써도 상관없습니다). 이렇게 사경을 하게 되면 법화경의 내용이 보다 빨리 '나' 의 것이 되고 신심이 샘 솟아, 무량공덕이 저절로 쌓이게 됩니다 .

⑤ 그날 해야 할 사경을 마쳤으면 다시 스스로가 만든 '법화경 사경 발원문'을 읽고 3 배를 드린 다음 끝을 맺습니다.

· 사경 기간 및 횟수

① 만약 간략한 소원 때문에 법화경을 사경 한다면 전체를 한 번 사경하는 것으로 족하겠지만, 꼭 이루고 싶은 간절한 소원이 있다면 법화경 전체를 세 번에서 열 번까지 사경하는 것이 좋습니다.

② 인쇄한 글씨 위에 억지로 덧입히며 쓰지 않고 자기 필체로 쓰게 되면 한 페이지에 보통 5분~7분 정도 걸립니다. 만약 기도할 시간이 넉넉하지 않아 한 시간 정도에서 끝마치고자 한다면 하루에 10페이지 내외로 나누어 쓰십시오. 10페이지 내외로 쓸 때, 50일 가량이면 법화경 전체를 모두 쓸 수가 있습니다. 각자의 원력과 형편에 맞추어 하루의 분량 및 기도 기간을 잡아 사경을 하십시오.

③ 매일 쓰다가 부득이한 일이 발생하여 못 쓰게 될 경우가 있습니다. 그때는 꼭 부처님께 못 쓰게 된 사정을 고하여 마음속으로 '다음 날 또는 사경 기간을 하루 더 연장하여 반드시 쓰겠다'고 약속하면 됩니다.

※ 사경을 할 때는 연필·볼펜 또는 가는 수성펜 등으로 쓰는 것이 좋습니다.
※ 사경한 다음, 어떻게 처리해야 되느냐를 묻는 이들이 많은데, 정성껏 쓴 사경집을 집안에 두면 불은이 충만하고 삿된 기운이 침범하지 못하게 되므로, 집안에서 좋다고 생각하는 위치에 잘 모셔 두십시오. 경전을 태우는 것은 큰 불경이므로 절대 함부로 태우면 안 됩니다.

깊은 믿음으로 환희심을 품고 법화경을 사경을 하면 대우주 법계에 가득한 불보살님의 찬탄과 함께 가피를 입어 소원을 원만하게 성취함은 물론이요 크나큰 향상과 깨달음이 함께 한다고 하였습니다.
여법히 잘 사경하시기를 두 손 모아 축원드립니다. 나무묘법연화경.

법화경 사경 발원문

시방세계에 가득하신 불보살님이시여 감사합니다.

부처님 잘 모시고 법화경의 가르침을 잘 받들며 살겠습니다.(3번)

세세생생 부처님과 법화경의 가르침을 잘 받들며 살겠습니다.(3번)

법화경 사경 입재일 : 불기 25   년   월   일   사경불자 :

開 法 藏 眞 言
개법장진언
옴 아라남 아라다(3번)

南 無 一 乘 最 上 法 門 妙 法 蓮 華 經
나무 일승최상법문 묘법연화경(3번)

제1 서품
第一 序品

이와 같이 나는 들었다.

어느 때 부처님께서는 왕사성(王舍城)의 기사굴산(耆闍崛山)〔영축산〕에서 큰 비구제자 1만 2천인과 함께 계시었다. 그들 모두는 아라한(阿羅漢)으로, 계(戒)를 어김이 없고 번뇌를 다 끊었으며, 자기를 이롭게 하는 법을 얻어 모든 결박을 벗어났으며, 자유자재한 마음을 얻은 이들이었다.

그 이름은 아야교진여·마하가섭·우루빈나가섭·가야가섭·나제가섭·사리불·대목건련·마하가전연·아누루타·접빈나·교범바제·이바다·필릉가바차·박구라·마하구치라·난타·손타라난타·부루나미다라니자·수보리·아난·라

후라 등으로, 세상 사람들에게 널리 알려진 대아라한들이었다.

또 아직 배울 것이 남아 있는 유학비구와 ^{有學} 더 이상 배울 것이 없는 무학비구 2천인도 ^{無學} 함께 있었으며, 마하파사파제 비구니와 그 권 ^{眷} 속 6천인도 함께 하였고, 라후라의 어머니인 ^{屬} 야수다라 비구니와 그 권속들도 함께 있었다.

보살의 무리 8만인도 함께 있었으니, 모두 ^{菩薩} 가 물러남 없이 아뇩다라삼먁삼보리〔위없는 바른 ^{阿耨多羅三藐三菩提} 깨달음〕를 얻고자 하였고, 다라니와 자유자재하 ^{陀羅尼} 게 설법하는 능력인 요설변재를 얻어 불퇴전 ^{樂說辯才} ^{不退轉} 의 법륜을 굴렸으며, 한량없이 많은 부처님께 공양을 올리고 온갖 선근을 심었으므로 부처 님들께서 늘 칭찬하셨다. 또한 몸으로 자비행 을 닦고 부처님의 지혜를 잘 이해하여 대반 야를 통달하고 피안에 이르렀으며, 수많은 중 ^{彼岸} 생을 제도하여 그 이름이 한량없는 세계에 두루 퍼진 이들이었다.

그 이름은 문수사리보살(文殊師利菩薩)·관세음보살(觀世音菩薩)·득대세보살(得大勢菩薩)·상정진보살(常精進菩薩)·불휴식보살(不休息菩薩)·보장보살(寶掌菩薩)·약왕보살(藥王菩薩)·용시보살(勇施菩薩)·보월보살(寶月菩薩)·월광보살(月光菩薩)·만월보살(滿月菩薩)·대력보살(大力菩薩)·무량력보살(無量力菩薩)·월삼계보살(越三界菩薩)·발타바라보살(跋陀婆羅菩薩)·미륵보살(彌勒菩薩)·보적보살(寶積菩薩)·도사보살(導師菩薩) 등이며, 이러한 보살의 무리 8만인이 함께 있었다.

또한 그곳에는 도리천의 왕인 석제환인(釋提桓因)〔제석천왕〕은 명월천자(明月天子)·보향천자(普香天子)·보광천자(寶光天子)를 비롯한 권속 2만 천자와 함께 있었고, 사대천왕(四大天王)은 권속 1만 천자와 함께 있었으며, 자재천자(自在天子)·대자재천자(大自在天子)는 권속 3만 천자, 사바세계의 주인인 범천왕(梵天王)은 시기대범(尸棄大梵)·광명대범(光明大梵)을 비롯한 권속 1만 2천 천자와 함께 있었다.

또 여덟 용왕(龍王)인 난타용왕·발난타용왕·사가라용왕·화수길용왕·덕차가용왕·아나바달다용왕·마나사용왕·우발라용왕도 각기 백천 권속들과 함께 있었다.

또 네 긴나라왕(緊那羅王)인 법(法)긴나라왕·묘법(妙法)긴나라왕·대법긴나라왕(大法)·지법긴나라왕(持法)도 각기 백천 권속들과 함께 있었다.

또 네 건달바왕(乾闥婆王)인 낙건달바왕(樂)·낙음건달바왕(樂音)·미건달바왕(美)·미음건달바왕(美音)도 각기 백천 권속들과 함께 있었다.

또 네 아수라왕(阿修羅王)인 바치아수라왕·거라건타아수라왕·비마질다아수라왕·나후아수라왕도 각기 백천 권속들과 함께 있었다.

또 가루라왕(迦樓羅王)인 대위덕가루라왕(大威德)·대신가루라왕(大身)·대만가루라왕(大滿)·여의가루라왕(如意)도 각기 백천 권속들과 함께 있었다.

또 위제희(韋提希) 왕비의 아들인 아사세왕(阿闍世王)도 백천 권속들과 함께 와서 각기 부처님의 발에 머리 숙여 예배드리고 한쪽으로 물러나 앉았다.

그때 부처님께서는 사부대중(四部大衆)에게 둘러싸여 공양과 공경과 존중과 찬탄을 받으며 보살들을 위해 대승의 가르침인 무량의경(無量義經)을 설하셨나니, 이는 보살을 가르치는 법이요 부처님들께서 보호하고 살피시는[護念] 경이었다.

부처님께서는 무량의경을 설하신 뒤에 결가부좌 하고 무량의처삼매(無量義處三昧)에 들어, 몸과 마음을 움직이지 않으셨다. 이때 하늘에서 만다라화·마하만다라화·만수사화·마하만수사화 등의 꽃비를 내려 부처님과 대중들에게 뿌렸으며, 모든 불국토는 여섯 가지로 진동[六種震動]하였다.

그곳에 있던 비구·비구니·우바새·우바이 및 천자·용·야차·건달바·아수라·가루라·긴나라·마후라가·인비인(人非人)[사람과 사람이 아닌 이], 여러 작은 나라의 왕들과 전륜성왕(轉輪聖王) 등은 이 모두가 전에 없었던 일인지라 환희하며, 합장을 하고 일심으로 부처님을 우러러보았다.

그때 부처님께서 미간의 백호(白毫)에서 광명을 놓아 동방으로 1만 8천세계를 두루 비추시니, 아래로는 아비지옥^{阿鼻地獄}에서 위로는 가장 높은 하늘인 색구경천^{色究竟天}까지 이르렀고, 그 세계의 육도^{六道} 중생과 현재 그곳에 계신 부처님들도 보였으며, 부처님들께서 경을 설하시는 것도 들을 수 있었다.

또 그곳에 있는 비구·비구니·우바새·우바이들이 수행을 하고 도를 얻는 것도 보였고, 보살마하살들의 갖가지 인연과 갖가지 신해^{信解}와 갖가지 모습으로 보살도^{菩薩道}를 행하는 것도 보였다.

또 부처님들께서 열반^{涅槃}에 드시는 모습도 보였으며, 열반에 드신 뒤에 그 부처님의 사리^{舍利}를 모시고 칠보탑^{七寶塔}을 세우는 것도 보였다.

그때 미륵보살은 생각하였다.

'지금 부처님께서는 신통 변화의 모습을 나타내셨다. 그런데 무슨 까닭으로 이와 같은 상서^{祥瑞}를 나타내신 것일까? 지금 부처님께서 삼매에 들어 계신다. 이 불가사의하고 희유^{稀有}한〔매

니, 아래로는 아비지옥(阿鼻地獄)에서 위로는 가장 높은 하늘인 색구경천(色究竟天)까지 이르렀고, 그 세계의 육도(六道) 중생과 현재 그곳에 계신 부처님들도 보였으며, 부처님들께서 경을 설하시는 것도 들을 수 있었다.

또 그곳에 있는 비구·비구니·우바새·우바이들이 수행을 하고 도를 얻는 것도 보였고, 보살마하살들의 갖가지 인연과 갖가지 신해(信解)와 갖가지 모습으로 보살도(菩薩道)를 행하는 것도 보였다.

또 부처님들께서 열반(涅槃)에 드시는 모습도 보였으며, 열반에 드신 뒤에 그 부처님의 사리(舍利)를 모시고 칠보탑(七寶塔)을 세우는 것도 보였다.

그때 미륵보살은 생각하였다.

'지금 부처님께서는 신통 변화의 모습을 나타내셨다. 그런데 무슨 까닭으로 이와 같은 상서(祥瑞)를 나타내신 것일까? 지금 부처님께서 삼매에 들어 계신다. 이 불가사의하고 희유(稀有)한〔매

우 보기 드문] 일이 나타나게 된 까닭을 누구에게 물어야 하며, 누가 능히 대답할 수 있을까?'

그리고는 다시 생각하였다.

'文殊師利 法王子

'문수사리 법왕자는 일찍부터 수많은 부처님을 가까이 모시고 공양하였으니, 이와 같은 희유한 일을 경험한 적이 있을 것이다. 내 지금 그에게 물어보리라.'

그때 비구·비구니·우바새·우바이와 모든 天

천·용·귀신 등도 생각하였다.

'부처님께서 광명과 신통변화를 나타내고 계시는 까닭을 누구에게 물어야 하는가?'

비구·비구니·우바새·우바이의 사부대중과 천·용·귀신 등의 마음을 꿰뚫어 본 미륵보살은 모두의 의심을 풀고자 문수사리보살에게 여쭈었다.

"무슨 인연으로 부처님께서 큰 빛을 놓아 동쪽에 있는 1만 8천세계를 비추시고, 상서로운 신통을 나타내어 그 불국토의 장관을 모두 볼 수 있게 하고 계십니까?"
　미륵보살은 거듭 게송으로 여쭈었다.

문수사리　법왕자여　도사이신(導師)　여래께서(如來)
미간백호　에서부터　대광명을　발하시자
만다라화　만수사화　비 오듯이　내려오고
전단향의　바람 불어　대중에게　기쁨 주며
이 인연을　말미암아　땅이 모두　정화되고
모든 세계　육종으로(六種)　진동하고　있습니다
이를 보는　사부대중　하나같이　환희하고
몸과 마음　쾌락하니　일찍 없던　일입니다
미간백호　광명으로　동방세계　비추시니
일만 팔천　모든 국토　금빛처럼　찬란하고
아비지옥　에서부터　유정천의　하늘까지
많고 많은　세계 속을　윤회하는　육도 중생
나고 죽고　가는 곳과　좋고 나쁜　업을 따라
받게 되는　과보들이　남김없이　보입니다
성스럽고　거룩하신　많고 많은　부처님의

설하시는　경전들은　미묘하기　그지없고
청정하온　그 음성과　부드러운　말씀으로
셀 수 없는　억만 보살　대중들을　가르치니
깊고 묘한　법음 설법（梵音）　모두 즐겨　듣나이다
모든 세계　곳곳에서　바른 법을　설하시되
여러 가지　인연법과　한량없는　비유로써
불법 밝게　설하시어　중생들을　깨우치니
늙음 병듦　죽는 고통　싫어하는　이에게는
열반 법문　설하시어　고통 모두　없애주고
부처님께　공양하며　복을 쌓은　어떤 이가
훌륭한 법　구할지면　연각법문（緣覺法門）　설해주며
여러 가지　실천행을　닦아 익힌　불자들이（佛子）
무상지혜　구할지면　청정한 도（道）　설합니다
문수사리　법왕자여　제가 지금　보고 들은
천억가지（千億）　많은 일을　간략하게　말하리다
제가 보니　저 국토의　항하사수（恒河沙數）　보살들은
여러 가지　인연지어　깨달음을　구합니다
어떤 보살　보시하되　금과 은과　산호 진주

마니주와　자거 마노　금강석 등　보배들과
노비 수레　보배가마　기쁨으로　보시하고
그 공덕을　남김없이　부처님께　회향하며
삼계에서　제일가는　대승법을　구하기에
시방세계　제불(諸佛)께서　모두 칭찬　하십니다
또한 어떤　보살들은　네 마리의　말이 끌고
아름답게　꽃장식한　보배 수레　보시하고
또한 어떤　보살들은　손과 발과　몸뚱이와
처자까지　보시하여　위없는 도　구하오며
또한 어떤　보살들은　눈과 머리　온몸들을
기쁨으로　보시하여　부처 지혜　구합니다
문수사리　법왕자여　제가 보니　여러 왕들
부처님께　나아가서　위없는 도　여쭙고는
그 국토와　좋은 궁전　첩과 신하　다 버리고
수염 머리　깎은 다음　법복입고　도닦으며
또한 어떤　보살들은　큰뜻 품고　비구되어
고요한 데　홀로 살며　경전 즐겨　읽습니다
또한 어떤　보살들은　깊은 산에　들어가서

용맹정진　계속하며　부처의 도^道　사유하고
어떤 이는　욕심 떠나　고요한데　머물면서
깊은 선정　능히 닦아　오신통^{五神通}을　얻습니다
또한 어떤　보살들은　합장하고　정^定에 들어
천만가지　게송으로　부처님을　찬탄하고
또한 어떤　보살들은　지혜 깊고　뜻이 곧아
부처님께　법을 묻고　들은 대로　간직하며
또한 어떤　불자들은　선정 지혜　구족하고
한량없는　비유로써　대중 위해　법 설하되
흔쾌하게　설법하여　여러 보살　교화하고
마구니들　항복받아　법고^{法鼓} 둥둥　울립니다
또한 어떤　보살들은　고요함에　깊이 잠겨
천과 용^{天龍}이　공경해도　기뻐하지　아니하고
또한 어떤　보살들은　숲 속에서　방광하여
지옥 중생　제도하고　불도^{佛道} 속에　들게 하며
또한 어떤　불자들은　잠도 자지　아니하고
숲속 길을　거닐면서　부처의 도　구합니다
또한 보니　계^戒 갖추고　몸가짐을　바로 하되

구슬같이 맑게 하여 부처님의 도 구하고
또한 어떤 불자들은 인욕하는 힘이 좋아
버릇없고 교만한 자 욕을 하며 헐뜯어도
모든 것을 능히 참아 부처의 도 구합니다
또한 어떤 보살들은 희롱함과 비웃음과
어리석은 무리 떠나 지혜인을 친근하고
산란 없는 일심으로 산림에서 선정 닦아
억천만년 세월토록 부처의 도 구합니다
또한 어떤 보살들은 좋은 음식 맛난 반찬
여러 가지 탕약들을 삼보님께 보시하고
한량없이 값이 비싼 아름다운 의복이나
값도 모를 좋은 옷을 삼보님께 보시하며
천만억의 보배들과 전단으로 지은 집과
가지가지 묘한 침구 삼보님께 보시하고
꽃과 과일 무성하고 샘과 연못 모두 갖춘
아름다운 숲과 동산 삼보님께 바치나니
이와 같이 아름답고 미묘한 것 보시하며
오직 기쁜 마음으로 위없는 도 구합니다

20

또한 어떤 보살들은 寂滅法
적멸법을 설하시되
가지가지 방편 써서 무수 중생 교화하고
또한 어떤 보살들은 법의 성품 허공 같아
두 모양이 없는 줄을 남김없이 관찰하며
또한 어떤 불자들은 집착하는 마음 없는
밝고 맑은 지혜로써 위없는 도 구합니다
문수사리 법왕자여 또한 어떤 보살들은
부처님의 열반 이후 진신사리 공양하고
또한 어떤 불자들은 항하강의 모래만큼
무량 무수 탑을 세워 국토마다 장엄하니
아름다운 보배탑은 높이 오천 由旬
유순이요
가로 세로 그 길이는 이천유순 이옵니다
하나하나 불탑마다 당과 깃발 일천이요
보배구슬 늘여 달고 방울소리 울려오니
천인들과 용과 신과 사람 등의 모든 중생
꽃과 향과 기악으로 항상 공양 하옵니다
문수사리 법왕자여 많고 많은 불자들이
불사리에 공양하고 모든 탑을 장엄하니

이 세계가 그지없이 아름답고 찬란하여
도리천의 보배꽃이 활짝핀 듯 하옵니다
세존께서 한줄기의 큰 광명을 발하심에
이 세계의 아름답고 아주 멋진 모습들을
나와 모든 대중들이 빠짐없이 보나이다
제불여래 신통력과 보기 드문 지혜로써
밝은 광명 발하시어 무량세계 비추시니
이를 보는 저희들은 신비로울 뿐입니다
문수사리 법왕자여 의심 풀어 주옵소서
여기 모인 사부대중 나와 그대 바라보니
세존께서 무슨 일로 이 광명을 발했는지
법왕자여 대답하여 의심 풀어 주옵소서
무슨 이익 주시려고 광명 발한 것입니까
부처님이 도량에서 깨달으신 微妙法 미묘법을
설하시려 함입니까 수기 주려 함입니까
보배로써 장엄하온 모든 국토 보여주며
부처님들 뵙게 하니 무슨 까닭 이옵니까
문수사리 법왕자여 四部衆 사부중과 용과 신들

답을 듣기 원하오니 그 까닭을 설하소서

그때 문수사리보살이 미륵보살마하살과 보살들에게 이르셨다.
"선남자(善男子)들이여, 나의 생각에는 세존께서 지금 큰 법을 설하려 하시고, 큰 법의 비를 내리려 하시고, 큰 법의 나팔을 불려 하시고, 큰 법의 북을 치려하시고, 큰 법의 뜻을 풀이하려는 것 같습니다.

선남자들이여, 나는 일찍이 과거의 여러 부처님 계신 곳에서 이러한 상서로운 징조를 보았나니, 이러한 빛을 놓으신 다음에는 곧 큰 법을 설하셨습니다. 지금 부처님께서 빛을 나타내신 것 또한 그와 같아서, 중생들로 하여금 이 세상에서는 믿기가 어려운 법을 듣게 하고 알게 하시고자 이러한 상서를 나타내신 것입니다.

선남자들이여, 과거 무량무변(無量無邊)[한량없고 가이없는]

불가사의한 아승지겁 전에 부처님이 계셨으니 이름이 일월등명여래·응공·정변지·명행족·선서·세간해·무상사·조어장부·천인사·불세존이셨습니다.

그 부처님께서 설하신 바른 법[正法]은 처음도 좋았고 중간도 좋았고 끝도 좋았습니다. 그 뜻은 매우 깊고 말씀은 오묘하였으며, 순수하여 잡됨이 없고 청정한 수행의 모습을 완전히 갖추었습니다.

성문의 경지를 구하는 이에게는 사제법을 설하시어 생로병사를 벗어난 열반을 얻게 하셨고, 벽지불의 경지를 구하는 이에게는 십이인연법을 설하셨으며, 보살들에게는 육바라밀을 설하시어 아뇩다라삼먁삼보리를 얻고 일체종지[모든 것을 아는 부처님의 지혜]를 이루게 하셨습니다.

그 다음에 또 부처님이 계셨는데 이름을 일월등명이라 하였으며, 그 다음에 출세하신 부처님 이름 또한 일월등명이셨습니다. 그 후로도 2만 부처님께서 모두 일월등명이라는 이름을 지니셨고 성 또한 하나같이 파라타^{頗羅墮}였습니다.

미륵이여, 이처럼 처음 부처님과 뒤에 출현하신 부처님의 이름이 모두 같았고 여래의 십호^{十號}를 갖추었으며, 설하신 법문 또한 처음도 좋고 중간도 좋고 끝도 좋았습니다.

2만의 일월등명불 중 맨 마지막 부처님은 출가하시기 전에 여덟 왕자를 두셨는데, 그들의 이름은 유의^{有意}·선의^{善意}·무량의^{無量意}·보의^{寶意}·증의^{增意}·제의^{除疑意}·향의^{響意}·법의^{法意}입니다.

이 여덟 왕자는 위엄과 덕이 출중하여 각기 천하를 다스리다가, 부왕께서 출가하여 아뇩다라삼먁삼보리를 얻었다는 소식을 듣고는 모두 왕위를 버리고 출가하였습니다. 대승^{大乘}의 뜻을 발한 그들은 항상 청정한 행을 닦아 법사^{法師}가 되었는데, 그들은 이미 수많은 부처님

밑에서 갖가지 선근을 심은 이들이었습니다.

그때 일월등명불께서 대승경전을 설하셨으니 이름이 무량의경(無量義經)이라, 보살을 가르치는 법이요 부처님께서 보호하고 살피시는 경입니다.

일월등명불께서는 이 가르침을 다 설하신 다음, 대중 가운데에서 결가부좌하고 무량의처삼매(無量義處三昧)에 들어 몸과 마음을 움직이지 않았습니다. 그러자 하늘에서 만다라화·마하만다라화·만수사화·마하만수사화를 일월등명불과 대중 위에 뿌렸고, 모든 불국토는 여섯 가지로 진동하였습니다.

그때 그곳에 있던 비구·비구니·우바새·우바이와 천·용·야차·건달바·아수라·가루라·긴나라·마후라가와 인비인(人非人), 여러 작은 나라의 왕들과 전륜성왕(轉輪聖王) 등은 이 모두가 전에 없었던 일인지라, 매우 기뻐하여 합장을 하고 일심으로 일월등명불을 우러러보았습니다.

일월등명불께서는 미간의 백호에서 광명을 놓아 동쪽에 있는 1만 8천 불국토를 두루 비추셨는데, 그 불국토들의 모습은 지금 보고 있는 이 불국토들과 같았습니다.

미륵이여, 그때 그곳에서 법문을 듣기 원했던 20억 보살들은 백호광명이 불국토를 두루 비추는 것을 보고는 몹시 놀라워하면서, 그 광명이 나타나게 된 인연을 알고자 하였습니다.

당시 그곳에는 묘광이라는 보살이 8백 명의 제자를 거느리고 앉아 있었는데, 일월등명불께서 삼매에서 일어나 묘광보살을 향해 대승경전을 설하시니 그 이름이 묘법연화경(妙法蓮華經)이라, 보살을 가르치는 법이요 부처님께서 보호하고 살피시는 경입니다.

그때 일월등명불께서 60소겁(小劫) 동안 자리에서 일어나지 않으셨고, 모인 대중 또한 한 자리에 앉아 60소겁 동안 몸과 마음을 움직이지 않은 채 설법을 들음이 마치 밥 한 끼를 먹는 동안인 일식경(一食頃)처럼 여겨졌기에, 어느 누구도 몸과 마음으로 게으름을 피우거나 권태로워하지 않았습니다.

일월등명불께서는 60소겁 동안 이 묘법연화경을 다 설하신 뒤, 범천왕·마왕·사문·바라문들과 천인·인간·아수라 등 모든 대중에게 이르셨습니다.

'나는 오늘 밤 무여열반(無餘涅槃)에 들 것이다.'

그때 한 보살이 있었으니 이름이 덕장(德藏)이라, 일월등명불께서 이 보살에게 수기를 주시고 비구들에게 이르셨습니다.

'이 덕장보살은 다음에 부처되어, 그 이름을 정신 다타아가도(淨身 多陀阿伽度)〔여래〕·아라하(阿羅訶)〔응공〕·삼먁삼불타(三藐三佛陀)〔정변지〕라 할 것이다.'

이렇게 수기를 주신 뒤 밤이 되자 무여열반에 드셨습니다.

일월등명불께서 열반에 드신 뒤에는 묘광

보살이 묘법연화경의 가르침을 80소겁 동안 사람들을 위하여 설하셨는데, 일월등명불의 여덟 아들은 모두 묘광보살을 스승으로 섬겼으며, 묘광보살은 그들로 하여금 아뇩다라삼먁삼보리를 굳건히 지닐 수 있도록 이끌었습니다.

이 여덟 왕자는 모두 헤아릴 수 없이 많은 백천만억의 부처님께 공양을 올린 뒤에 성불하였으니, 제일 마지막으로 성불한 이가 바로 연등불^{然燈佛}이십니다.

또 묘광보살의 8백 제자 가운데 구명^{求名}이라는 제자가 있었습니다. 그는 여러 가르침을 읽어도 그 뜻을 알지 못하고 배운 것을 곧잘 잊어버리면서도, 이익과 명예에 탐착하였으므로 구명이라 부른 것입니다. 그러나 그 역시 여러 가지 선근을 심은 인연으로 한량없는 백천만억의 부처님을 만나 공양하고 공경하고 존중하고 찬탄하였습니다.

미륵이여, 마땅히 알지니, 지금의 내가 그 때의 묘광보살이요, 지금의 그대가 그때의 구 명보살입니다.

미륵이여, 지금의 이 상서로운 징조는 그 옛날과 조금도 다름이 없습니다. 그러므로 부 처님께서는 오늘 반드시 보살을 가르치는 법 이요 부처님께서 보호하고 살피시는 대승경 전인 묘법연화경을 설하실 것입니다."

문수사리보살은 대중들에게 이 뜻을 거듭 펼치고자 게송으로 설하였다.

생각하니 과거세의 한량없는 그 시절에
존귀하신 일월등명 부처님이 계셨도다
그 부처님 법을 설해 무량 중생 제도하고
수도 없이 많은 보살 불지혜(佛智慧)에 들게 했네
그 부처님 출가 전에 여덟 왕자 낳았는데
그들 모두 출가하여 청정행을 닦았도다
일월등명 부처님은 여러 대중 위하시어

대승법인 무량의경 분별하여 설하셨고
경을 모두 설하신 뒤 법좌 위에 앉은 채로
무량의처(無量義處) 삼매(三昧) 속에 깊이 빠져 드셨도다
하늘 꽃비 흩날리고 하늘 북은 절로 울고
여러 천룡 귀신들이 부처님께 공양했고
일체 모든 불국토가 크게 진동 하는 속에
부처님은 방광하여 희유한 일 보였나니
그 광명이 동방으로 일만팔천 불토(佛土) 비춰
일체중생 나고 죽는 업보들을 보이셨다
그 불국토 하나같이 보배들로 꾸몄는데
방광빛에 유리 수정 보배들이 더 고왔고
천인들과 용신 야차 건달바와 긴나라들
앞다투어 부처님께 각기 공양 하였도다
또한 보니 성불하여 도를 이룬 부처님들
금산(金山) 같은 그 몸매는 단정하고 미묘하며
맑고 맑은 유리 속의 순금 같은 모습으로
대중 속에 계시면서 깊은 법을 설하셨다
하나하나 불국토의 한량없는 성문대중

부처님의　광명으로　모두 볼 수　있었는데
어떤 비구　숲 속에서　부지런히　정진하며
밝은 구슬　보호하듯　청정 계율　지켰도다
또한 능히　보시하고　인욕하는　보살들이
항하강의　모래같이　그 숫자가　한없지만
부처님의　광명으로　모두 볼 수　있었는데
어떤 보살　선정 속에　깊이깊이　들어가서
몸과 마음　동함 없는　위없는 도　구했으며
어떤 보살　모든 법이　적멸임을　잘 알아서
각자 그들　국토에서　설법하고　도 닦았다
바로 그때　사부대중　일월등명　부처님의
크나크신　신통력을　보고 나서　환희하며
서로 어떤　인연인지　그 까닭을　물었도다
천인들과　인간들이　존경하는　부처님은
삼매에서　깨어나서　묘광보살　칭찬했다
'이 세간의　눈이 되고　모든 이가　귀의하는
그대라면　나의 법장　능히 수지　할 수 있고
내가 설한　모든 법을　능히 알아　깨닫는다'

寂滅

法藏

32

부처님이 　칭찬하자 　묘광보살 　기뻐했고
부처님은 　이날부터 　육십소겁 　지나도록
그 자리를 　뜨지 않고 　법화경을 　설하시니
묘광보살 　그 묘법을 　모두 기억 　하였도다
이 법화경 　설법 듣고 　대중들이 　환희하자
바로 그날 　부처님은 　대중에게 　이르셨다
'제법실상 　참다운 뜻 　너희에게 　설했으니
＜諸 法 實 相＞

나는 이제 　오늘 밤에 　반열반에 　들겠노라
＜般 涅 槃＞

너희들은 　방일 말고 　일심으로 　정진하라
＜放 逸＞

부처님을 　만나기란 　억겁에야 　한 번일세'
부처님의 　제자들은 　이 열반의 　소식 듣고
왜 이리도 　빨리 가나 　슬퍼하고 　고뇌하자
거룩하신 　법왕께서 　무량 중생 　위로하되
'내가 열반 　들지라도 　너희들은 　근심 말라
여기 있는 　덕장보살 　번뇌 없는 　참다운 법
마음 깊이 　통달하여 　이 다음에 　성불하니
정신이란 　이름으로 　많은 중생 　제도한다'
＜淨 身＞

그날 밤에 　부처님은 　섶이 다해 　불 꺼지듯

반열반에　드시었고　　불사리는　고루 나눠
수도 없이　많은 탑을　여러 곳에　세웠으며
항하 모래　수와 같은　비구들과　비구니들
더욱 더욱　정진하여　위없는 도　구했도다
이러한 때　묘광보살　부처님 법　잘 받들어

팔십소겁 (小劫)　한결같이　법화경을　설했나니
일월등명　여덟 왕자　묘광보살　교화 받아
위없는 도　잘 닦으며　많은 부처　친견하여
부처님께　공양하고　대도법을 (大道法)　따라 익혀
차례대로　수기 받고　마침내는　부처되니

마지막에　도 이루어　성불하신　연등불은
많은 성자　스승 되어　무량 중생　제도했다
또한 묘광　법사에게　한 제자가　있었으니
마음 항상　게으르고　명리만을 (名利)　탐착하고
명예욕이　너무 많아　명문가에　태어나서

공부한 것　잊어먹어　깨닫지를　못했도다
이와 같은　인연으로　구명이라 (求名)　불렸지만
부지런히　선업 쌓아　많은 부처　만나 뵙고

부처님께 공양하며   크나큰 도 따라 행해
육바라밀 갖춘 다음   부처님을 친견하자
'이 다음에 부처되니   그 이름이 미륵이요
수도 없는 많은 중생   제도한다' 하셨나니
게을러서 공부 않던   구명행자 곧 그대요
스승이 된 묘광법사   바로 지금 이 몸이다
내가 일찍 보았었던   일월등명 부처님의
옛 상서가 이랬으니   이제 능히 짐작컨대
세존께서 법화경을   설하시려 함이로다
지금 광명 옛날 상서   부처님들 방편이라
이제 세존 방광하여   참다운 뜻 보였으니
그대들이 합장하고   일심으로 기다리면
세존께서 법비 내려   求道者
                    구도자들 적셔주고
三乘法
삼승법을 구하는 이   의심 가득 하겠지만
그 의심을 부처님이   모두 끊어 주시리라

제 2 방편품
第二 方便品

그때 부처님께서 조용히 삼매(三昧)에서 일어나 사리불(舍利弗)에게 이르셨다.

"부처님들의 지혜는 매우 깊고 한량이 없다. 그 지혜의 문은 이해하기도 어렵고 들어가기도 어렵나니, 성문이나 벽지불들은 도저히 알 수가 없느니라.

어찌하여 그러한가? 부처님들은 일찍이 백천만억 수많은 부처님을 가까이하면서 한없는 도(道)와 법(法)을 모두 배우고 용맹정진하여, 이름을 널리 떨침과 동시에 보기도 어렵고 알기도 어려운 깊은 법을 성취하셨느니라. 그러므로 설하는 법문의 뜻을 그대로 이해하기는 매우 어렵느니라.

사리불아, 나는 성불한 이후부터 지금까지 갖가지 인연과 갖가지 비유로써 널리 법을 베풀고, 무수한 방편으로 중생들을 인도하여 모든 집착을 여의게 하였나니, 이렇게 할 수 있었던 것은 여래가 방편바라밀(方便波羅蜜)과 지견바라밀(知見波羅蜜)〔반야바라밀〕을 갖추었기 때문이니라.

사리불아, 여래의 지견은 광대하고도 깊나니, 사무량심(四無量心)과 사무애변(四無礙辨)과 십력(十力)과 사무소외(四無所畏)와 선정(禪定)과 해탈(解脫)과 삼매(三昧)에 깊이 들어가서, 누구도 얻지 못한 진귀한 법을 모두 성취하였느니라.

사리불아, 여래는 모든 법을 잘 분별하여 절묘하게 설하고, 말씨가 유연하여 사람들의 마음을 즐겁게 하느니라. 사리불아, 한 마디로 말하면 부처님은 한량없고 끝이 없고 일찍이 들어본 적이 없는 법을 모두 성취하였느니라.

그만두자, 사리불아. 더 이상 설하지 않겠다. 왜냐하면 부처님이 성취한 법은 가장 드물고 이해하기 어려운 법이어서, 오직 부처님들끼리만 이 재법실상(諸法實相)에 대해 서로 설하고 알 수 있기 때문이니라.

　　이른바 제법(諸法)이란 십여시(十如是), 곧 여시상(如是相)·여시성(如是性)·여시체(如是體)·여시력(如是力)·여시작(如是作)·여시인(如是因)·여시연(如是緣)·여시과(如是果)·여시보(如是報)·여시본말구경등(如是本末究竟等)이니라."

　　부처님께서는 이 뜻을 거듭 밝히고자 게송으로 이르셨다.

부처님의　큰능력은　천인이나　세상사람

그 어떠한　중생들도　능히 알지　못하나니

부처님의　십력(十力)들과　네가지의　무소외법(無所畏法)

선정해탈(禪定解脫)　삼매(三昧)등의　여러가지　법에 대해

헤아릴 수　있는이는　어디에도　없느니라

옛적부터　한량없는　부처님을　따르면서

모든도를　빠짐없이　두루갖춰　닦았어도

심히 깊고 　묘한 그 법 　보고 알기 　어렵나니

무량억겁 　오랜 세월 　모든 도를 　다 닦은 뒤

도량에서 　성불해야 　알고 보게 　되느니라

이와 같은 　큰 과보와 　여시성상 如是性相 　등의 뜻은

나와 함께 　시방세계 　부처님만 　능히 알뿐

중생에게 　보여주고 　들려주지 　못하거늘

중생들이 　이런 법을 　어찌 알고 　이해하랴

믿는 힘이 　아주 깊은 　보살들을 　제외하고

불제자 중 　일찍부터 　부처님께 　공양 올려

일체번뇌 　모두 끊고 　아라한과 阿羅漢果 　얻은 이도 　없느니라

부처님의 　심오한 법 　감당할 수 　없느니라

사리불과 　같은 이를 　이 세상에 　가득 채워

그들 모두 　힘을 모아 　헤아리고 　생각해도

부처님의 　크신 지혜 　능히 이해 　할 수 없고

사리불과 　모든 제자 　시방세계 　가득 채워

그들 모두 　힘을 모아 　헤아리고 　생각해도

부처님의 　크신 지혜 　역시 알 수 　없느니라

날카로운 　지혜로써 　번뇌 다한 　벽지불이

시방세계　대나무의　수효만큼　함께 모여
마음 합쳐　무량억겁　생각하고　헤아려도
부처님의　참된 지혜　결코 알 수　없느니라
무량 제불　공양하여　뜻과 이치　요달하고
능통하게　설법하는　新發意 신발의의　보살들도
시방세계　벼와 삼대　갈대만큼　많이 모여
일심으로　항하사 겁　생각하고　헤아려도
부처님의　참지혜는　절대 알아　낼 수 없고
恒河沙數 항하사수　만큼 많은　不退轉 불퇴전의　보살들이
모두 함께　일심으로　생각하고　헤아려도
부처님의　크신 지혜　능히 알 수　없느니라
지혜제일　사리불아　또한 다시　이르노니
번뇌 없고　부사의한　깊고 깊은　미묘법을
나는 이미　구족하여　자세하게　알고 있고
시방세계　부처님도　또한 알고　계시노라
지혜제일　사리불아　분명하게　알지니라
일체제불　법 설함은　한결같고　다 같나니
부처님이　설하신 법　굳게 믿고　노력하라

모든 부처 오랫동안 이법 저법 설한 다음
요긴하고 진실한 법 설하심을 명심하라
내가 이제 성문 연각 법 구했던 너희 위해
고통 속박 아주 벗고 열반 얻게 할 것이다
이제까지 방편으로 삼승법(三乘法)을 보인 것은
곳곳에서 집착하고 탐심 내는 중생들을
바른 길로 나아가게 하기 위함 이었노라

그때 대중 속에 있던 아야교진여(阿若憍陳如) 등 번뇌를 다한 아라한(阿羅漢) 1천2백 명과 성문 및 벽지불을 목표로 삼는 비구·비구니·우바새·우바이들은 제각기 생각하였다.

'지금 부처님께서는 무슨 까닭으로 은근히 방편에 대해 칭찬하시고, 부처님이 얻은 법은 심히 깊이 이해하기 어렵다는 것과, 말로 설한 법의 의미 또한 매우 어려워서 성문이나 벽지불들은 알 수가 없다고 말씀하시는 것인가? 부처님께서는 그동안 한 가지 해탈의 이

치인 일해탈의 를 설하셨고, 우리 또한 이 법
을 얻어 열반에 이르고자 하였는데, 지금 이
렇게 말씀하시는 뜻이 무엇인지를 전혀 알
수가 없구나.'

　그때 사리불은 사부대중의 마음 속 의심을
알았고, 자신 또한 분명히 이해하지 못하였으
므로 부처님께 여쭈었다.

　"부처님이시여, 무슨 이유와 인연으로 모든
부처님의 제일방편과 깊고 미묘하고 이해하
기 어려운 법을 칭찬하시나이까? 저는 일찍이
부처님께서 이렇게 말씀하시는 것을 들은 바
가 없나이다. 지금 사부대중이 모두 의심하고
있사오니, 부디 이에 대해 자세히 설하여 주
웁소서. 부처님께서는 무슨 까닭으로 깊고 미
묘하고 이해하기 어려운 법이라고 은근히 칭
찬하시나이까?"

　사리불은 그 뜻을 거듭 밝히고자 게송으로
아뢰었다.

태양같은 지혜갖춘 위대하신 부처님은
오랫동안 한가르침 한결같이 설하기를
'나는 십력 사무소외 선정 삼매 해탈법 등
十 力 四無所畏
부사의한 법을 모두 얻었다'고 하셨지만
이에 대해 묻는 이가 한 사람도 없었으며
'나의 뜻은 이해하기 쉽지 않다' 하셨으나
이에 대해 묻는 사람 또한 전혀 없었도다
그리하여 당신께서 수행하여 증득하신
해탈법과 미묘하고 심히 깊은 지혜법문
부처들만 얻는 바라 은근 칭찬 하셨건만
번뇌 없는 아라한과 열반법을 구하는 이
'부처님은 무슨일로 이런 말씀 하시는지'
오히려 더 의심 품고 이해하지 못합니다
연각의 법 구하는이 비구들과 비구니들
천과 용과 귀신들과 건달바의 무리들도
天
서로 보고 의심하며 부처님만 바라보니
이런 말씀 하신 까닭 설명하여 주옵소서
부처님은 저를 일러 성문 중에 최고라고

칭찬하여 주셨지만 지금 저의 지혜로는
究竟法
구경법을 설함인지 修行法 수행법을 설함인지
제 아무리 생각해도 의문 풀지 못합니다
부처님의 법문 듣고 귀의하온 불자들이
일심으로 합장하고 간절하게 기다리니
바라건대 거룩하고 미묘하신 음성으로
한결같고 진실한 뜻 말씀하여 주옵소서
항하 모래 같이 많은 천인들과 용과 귀신
팔만 명이 넘는 수의 성불코자 하는 보살
억만세계 국토에서 여기로 온 전륜성왕
모두 함께 합장하고 공경하는 마음으로
具足
구족하신 가르침을 기다리고 있나이다

그때 부처님께서 사리불에게 이르셨다.

"아서라, 그만두어라. 더 설하지 않으리라.
만일 이 일을 설하게 되면 일체 세간의 천인
들과 사람들이 다 놀라고 의심을 할 것이다."

사리불이 거듭 아뢰었다.

"부처님이시여, 오직 원하옵나니 설하여 주옵소서. 오직 원하옵나니 설하여 주옵소서. 여기 모인 백천만억 아승지의 무수한 중생들은 일찍이 여러 부처님을 친견하였기에 근기가 뛰어나고 지혜가 밝아 부처님의 설법을 들으면 능히 공경하고 믿을 것이옵니다."

사리불이 거듭 게송으로 아뢰었다.

법왕이요 가장 높고 존귀하신 분이시여
염려하지 마시옵고 부디 설해 주옵소서
이 자리에 모여 있는 한량없는 대중들은
그 가르침 공경하고 굳게 믿을 것입니다

부처님께서는 다시 사리불을 제지하셨다.

"사리불아, 내가 만일 이 일을 설하면 일체 세간의 천인과 인간과 아수라들이 모두 놀라고 의심할 것이며, 아직 깨닫지 못했는데도 깨달은 체하는 증상만의 비구는 장차 지옥에

增上慢

떨어질 것이니라."
　　그리고는 거듭 게송으로 이르셨다.

　　그만둬라　그만둬라　더 설하지　않겠노라
　　나의 법은　미묘하여　알기조차　어렵나니
　　증상만이　가득한 자　이 가르침　듣더라도
　　공경하고　믿는마음　일으키지　않느니라

　　사리불이 부처님께 거듭 간청하였다.
　　"부처님이시여, 오직 원하옵건대 설하여 주
옵소서. 부디 설하여 주옵소서. 저와 같이 지
금 법회에 모인 백천만억 대중들은 이미 세
세생생 동안 부처님의 가르침을 받았기에, 반
드시 공경하고 믿어 오랫동안 안온함과 이로
움과 안락을 얻을 것이옵니다."
　　사리불은 거듭 게송으로 아뢰었다.

　　지혜 자비　함께 갖춘　가장 높은　분이시여

원하오니 제일법을 말씀하여 주옵소서
부처님의 맏아들인 제가간청 드리오니
모름지기 잘가려서 설법하여 주옵소서
이 법회에 모여있는 한량없는 대중들은
이 법문을 공경하고 굳게믿을 것입니다
부처님은 일찍부터 출현하신 세상마다
여기있는 대중들을 교화하여 주셨으니
저희들은 모두같이 일심으로 합장하고
부처님의 그말씀을 들으려고 하옵니다
저희일천 이백명과 깨달음을 희구하는
모든대중 위하시와 분별하여 설하소서
여기있는 대중들이 그법문을 듣게되면
틀림없이 한량없는 환희심을 내오리다

그때 부처님께서 사리불에게 이르셨다.
"네가 간곡하게 세 번이나 청하는데 어찌
설하지 아니하랴. 내 너희를 위해 분별하여
설하리니 자세히 듣고 잘 생각하고 기억하여

라."

부처님께서 이렇게 말씀하시자, 법회장에 있던 비구·비구니·우바새·우바이 5천 명이 곧바로 자리에서 일어나서 부처님께 예배를 드린 다음 스스로 물러갔다.

그 까닭은 그들의 죄업이 무겁고 증상만에 가득 차 있어서, 아직 얻지 못한 것을 얻었다 생각하고, 아직 깨닫지 못한 것을 깨달았다 여기고 있기 때문이었다. 이러한 허물로 인해 그곳에 머물지 못하고 물러갔기에, 세존께서는 잠자코 계실 뿐 그들을 제지하지 않으셨다.

그때 부처님께서 사리불에게 이르셨다.

"지금 내 앞의 대중 속에는 가지나 잎은 없고, 오직 순수한 열매만이 남았구나. 사리불아, 증상만에 가득 찬 이들은 오히려 물러가는 것이 더 좋으니라. 들어라. 너희를 위해 설해 주리라."

"설하옵소서, 세존이시여. 즐겨 듣겠나이다."

"사리불아, 이와 같은 묘한 법은 제불여래께서 때가 되어야 설하나니, 이는 마치 우담바라꽃이 때가 되어야 한번 피는 것과 같으니라. 너희들은 반드시 믿을지니, 부처님 말씀은 허망됨이 없느니라.

사리불아, 모든 부처님께서 설하시는 법의 뜻은 이해하기 어렵느니라. 어찌하여 그러한가? 내가 무수한 방편과 갖가지 인연과 비유와 이야기로 법을 설하지만 이 법은 생각이나 분별로는 감히 알기가 어렵기 때문이니, 오직 부처님들만이 능히 알 수 있느니라.

무슨 까닭인가? 제불세존은 오직 일대사인연으로 세상에 출현하시기 때문이니라.

사리불아, 어찌하여 부처님들이 '일대사인연으로 세상에 출현한다'고 하는 것인가?

중생들로 하여금 불지견을 열어주어[開] 청

정함을 얻게 하고자 세상에 출현하시며, 중생
들로 하여금 불지견을 보게〔示〕 하기 위해 세
상에 출현하시며, 중생들로 하여금 불지견을
깨닫게〔悟〕 하기 위해 세상에 출현하시며, 중
생들로 하여금 불지견에 들어가게〔入〕 하기 위
해 세상에 출현하시느니라.

사리불아, 바로 이것〔開示悟入〕 때문에 부처님
들께서 일대사인연으로 세상에 출현하신다고
한 것이니라."

부처님께서 사리불에게 이르셨다.

"제불여래는 오직 보살을 교화하고, 오직
한 가지 일만을 하나니, 불지견을 중생들에게
열어 주고 보여 주고 깨닫게 하고 들어가게
하심이 그것이니라.

사리불아, 여래는 중생을 위해 오직 일불승〔一佛乘〕
으로 설하실 뿐, 이승이나 삼승은 없느니라.

사리불아, 시방 제불의 법 또한 이와 같으
니라.

사리불아, 과거의 제불께서는 중생들을 위하여 한량없는 방편과 갖가지 인연과 비유와 이야기로 설법을 하셨나니, 그 모든 가르침도 일불승으로 인도하기 위한 것이었느니라. 그러므로 과거의 부처님들께 법을 들은 중생들은 마침내 부처의 지혜인 일체종지(一切種智)를 얻었느니라.

사리불아, 미래의 제불 또한 중생들을 위하여 한량없는 방편과 갖가지 인연과 비유와 이야기로 설법하실 것이며, 그 모든 가르침들 또한 일불승을 위한 것이니라. 그러므로 미래의 부처님들께 법을 들을 중생들은 마침내 일체종지를 얻게 될 것이니라.

사리불아, 현재 시방의 백천만억 불국토에 계시는 제불세존은 중생들을 한없이 이익 되게 하고 안락하게 하시나니, 이 제불들 또한 중생들을 위해 무수한 방편과 갖가지 인연과 비유와 이야기로 설법을 하고 계시며, 그 모든 가르침 또한 일불승을 위한 것이니라. 그러므로 현재의 부처님들께 법을 듣고 있는 중생들은 마침내 일체종지를 얻게 되느니라.

사리불아, 이 제불들은 오직 보살만을 교화하며, 중생들에게 불지견을 열어주고[開], 불지견을 보여주고[示], 불지견을 깨닫게 하고[悟], 불지견에 들어가게[入] 하느니라.

사리불아, 지금 나 또한 그 모든 부처님과 같이, 모든 중생들이 지닌 욕심과 마음 깊이 집착하는 바를 알아서, 그 본성(本性)에 따라 갖가지 인연과 비유와 이야기와 방편력으로 설하느니라.

사리불아, 내가 이와 같이 하는 까닭은 모두에게 일불승(一佛乘)과 일체종지를 얻게 하려는 것이니라. 사리불아, 시방세계에는 이승(二乘)도 없거늘, 어찌 삼승(三乘)이 있겠느냐.

사리불아, 모든 부처님은 다섯 가지 나쁜 세상인 오탁악세(五濁惡世)에 나시나니, 이른바 겁탁(劫濁)·

번뇌탁^{煩惱濁}·중생탁^{衆生濁}·견탁^{見濁}·명탁^{命濁}이 그것이니라.

사리불아, 겁탁^{劫濁}의 어지러운 시절 중생들은 많은 번뇌와 간탐과 질투 등으로 갖가지 불^不선근^{善根}을 키우기 때문에, 부처님들께서는 방편력으로 일불승뿐인 진리를 삼승으로 분별해서 설하시느니라.

사리불아, 만일 나의 제자들 중에 스스로를 아라한이나 벽지불이라 자칭하면서, '모든 부처님은 오직 보살만을 교화할 뿐'이라는 것을 듣지도 못하고 알지도 못한다면, 그는 나의 제자가 아니요 아라한도 벽지불도 아니니라.

또 사리불아, 이 비구 비구니들이 스스로, '이미 아라한을 얻었으니 이것이 최후의 몸이요 구경열반^{究竟涅槃}이다' 하면서 아뇩다라삼먁삼보리를 구하지 않는다면, 이러한 무리들은 모두 증상^{增上}만^慢이 가득 차 있는 이들이니라. 그 까닭이 무엇인가? 진실로 아라한이 된 비구는 이 일불승 법을 믿지 않는 일이 없기 때문이니라.

다만 부처님이 멸도^{滅度}하여 세상에 없을 때는 제외하나니, 부처님께서 멸도하신 뒤에는 이 경전을 수지독송하여 그 뜻을 이해하는 이가 매우 드물기 때문이니라. 그러다가 다시 다른 부처님을 만나게 되면 이 법화경의 법 속에서 틀림없이 깨달음을 얻게 되느니라.

사리불아, 너희들은 마땅히 일심으로 나의 말을 믿고 이해하고 받아 지닐지어다. 제불여래의 말씀에는 허망함이 없나니, 이승이나 삼승은 없고 오직 일불승만 있느니라."

그때 부처님께서는 이 뜻을 거듭 펴고자 게송으로 이르셨다.

증상만^{增上慢}을 품고 있는 비구들과 비구니들
아만에 찬 우바새와 신심없는 우바이들
이와 같은 사부대중 그 숫자가 오천여 명
자기 허물 보지않고 청정계행 깨뜨린 뒤
잘못한 일 감추고자 애를 쓰는 못난 이들

부처님의 위덕^{威德}으로 이 자리를 떠났도다
이런 사람 복덕 없어 이 법 감히 못 받나니
이제 여기 지엽^{枝葉}없고 참열매만 남았구나
사리불아 잘 들어라 제불들은 얻은 법을
한량없는 방편으로 중생 위해 설하나니
중생들의 생각들과 갖가지로 행한 일과
욕망들과 성격들과 지난 세상 선악업을
남김없이 다 안 다음 모두가 다 환희토록
여러 가지 인연 비유 이야기와 방편 섞어
수다라^{修多羅}를 설하였고 게송 경전 설했으며
전생담과 미증유법 인연담도 설하였고
어떤 때는 비유와 송^頌 문답^{問答}으로 설했노라
소승법을 즐기면서 생사에만 사로잡힌
근기 둔한 무리들은 무량제불 만났어도
미묘한 도 닦지 않고 고통 속에 빠지기에
내가 이런 중생 위해 열반법문 설했지만
여러 가지 방편설로 밝은 지혜 얻게 할뿐
'너희들도 성불한다' 설하지를 않았나니

그말 일찍 　아니함은 　때가 안 된 　까닭이다
지금에야 　때가 되어 　대승법을 　설하나니
내가 설한 　九 部 經
구부경은 　중생들의 　근기 키워
대승으로 　들게 하기 　위한 방편 　이었도다
그 마음이 　깨끗하고 　부드럽고 　총명하여
한량없는 　제불 좇아 　미묘한 도 　닦은 불자
나는 이런 　불자 위해 　대승경전 　설해주며
'오는 세상 　부처된다' 　성불수기 　주느니라
마음 깊이 　염불하고 　청정 계율 　지닌 불자
성불한다 　말 들으면 　큰 기쁨이 　가득차고
부처님은 　그를 위해 　대승법을 　설하나니
내가 설한 　법을 들은 　성문이나 　보살들은
한 게송만 　기억해도 　틀림없이 　성불한다
시방세계 　불국토에 　일승법만 　있음이요
이승 삼승 　방편일 뿐 　실체 없음 　알지니라
이승 삼승 　방편으로 　중생 구제 　한 까닭은
부처 되는 　큰 지혜로 　인도하기 　위함일 뿐
모든 부처 　이 세상에 　출현하신 　진짜 뜻은

일불승의　　부처 지혜　　설하고자　　하심이니
일승만이　　진실이요　　방편법인　　이승 삼승
소승들의　　법으로는　　성불하지　　못하노라
부처님은　　대승 닦아　　얻은 법에　　의지하여
선정 지혜　　장엄하고　　중생 제도　　하시나니
평등하고　　가장 높은　　대승법을　　얻은 내가
단 한사람　　일지라도　　소승으로　　교화하면
나는 즉시　　인색함과　　탐욕 속에　　떨어지며
이와 같이　　하는 것은　　옳지 못한　　일이니라
부처님은　　속임 없고　　집착이나　　질투 없고
모든 악을　　끊었기에　　귀의하면　　누구든지
시방세계　　어디서나　　두려움이　　없어진다
사리불아　　잘 알아라　　좋은 상호　　장엄하고
세간마다　　광명 비춰　　무량 존경　　받으면서
實相法印
실상법인　　설하는 건　　내가 본래　　세운 원이
일체 중생　　나와 같게　　하고자 함　　때문이다
오래 전에　　품은 이 원　　이제 때가　　되었나니
佛道
일체 중생　　교화하여　　불도 속에　　들게 하리

내가 불도 　그대로를 　중생에게 　가르치면
무지한자 　착란되어 　그가르침 　무시하니
선근닦지 　아니했던 　이와같은 　중생들은
오욕락에 　집착하여 　어리석게 　고뇌하고
탐욕등에 　사로잡혀 　삼악도에 　떨어져서
육도속을 　윤회하며 　고통가득 　할뿐이다
세세생생 　나고죽는 　생사윤회 　끝이없고
덕도없고 　복도없어 　고통만이 　가득하네
있고없음 　분별하는 　삿된견해 　숲만들어
외도들의 　육십이견(六十二見) 　헛된법을 　고집하며
교만하고 　간사할뿐 　진실함이 　전혀없어
천만겁이 　지나가도 　부처님의 　이름이나
바른법을 　못듣나니 　그들어찌 　제도하랴
그러므로 　그들위해 　방편법을 　베풀어서
고(苦)를끊는 　도(道)설하고 　열반법을 　보였으나
이는소승 　멸도(滅度)일뿐 　참열반이 　아니니라
모든법은 　본래부터 　항상적멸(寂滅) 　그자체니
이를알고 　도닦으면 　내세에꼭 　성불한다

내 이제껏 　 방편으로 　 삼승법을 　 보였으나
지금에야 　 제불들의 　 일승법을 　 설하노라
여기 모인 　 대중들은 　 모두 의심 　 버릴지니
제불 말씀 　 틀림없이 　 일승일 뿐 　 이승 없다
지난 세상 　 무수한 겁 　 열반에 든 　 부처님들
그 수효가 　 너무 많아 　 헤아릴 수 　 없었지만
이 무수한 　 부처님들 　 하나같이 　 인연법과
비유들과 　 방편으로 　 여러 법을 　 설한 다음
끝에 가서 　 그들에게 　 일승법을 　 설하시어
무량 중생 　 교화하여 　 불도 속에 　 들게 했다
대성주인（大聖主） 　 부처님들 　 일체 세간 　 중생들의
마음 깊이 　 바라는 바 　 속속들이 　 다 아시고
다시 다른 　 방편으로 　 제일의（第一義）를 　 설했도다
만일 어떤 　 중생들이 　 과거불을 　 만나 뵙고
법문 듣고 　 보시하고 　 계 지키고 　 인욕하고
정진 선정 　 지혜 등의 　 복과 덕을 　 닦았다면
이와 같은 　 사람들은 　 이미 모두 　 성불했고
부처님이 　 멸도하신 　 다음에 난 　 중생들 중

착한 마음 지닌 이도 이미 성불 했느니라
부처님들 열반한 뒤 불사리에 공양코자
만억개의 탑을 세워 금과 은과 수정들과
자거 마노 매괴들과 유리 등의 구슬들로
맑고 크고 깨끗하게 모든 탑을 장식한 이
또한 돌로 탑 세우고 전단향과 침수향과
침향 등의 나무들을 이용하여 탑 쌓은 이
넓고 거친 광야에다 흙을 모아 탑 쌓은 이
흙 모래로 장난삼아 탑을 세운 아이들도
하나같이 모두가 다 이미 성불 하였노라
또 부처님 받들고자 여러 형상 조각하고
불상들을 만든 이도 모두 성불 하였으니
칠보로 된 불상이나 놋쇠 또는 백동이나
납과 주석 쇳덩이로 부처님 상 조성하고
나무들과 진흙들과 풀과 옻칠 이용하여
불상 만든 사람들도 모두 성불 하였노라
부처님의 원만상을 아름답게 그린 불화
제 스스로 그렸거나 남 시켜서 그렸거나

인연 맺은 사람들은 　모두이미 성불했고
장난삼아 꼬챙이나 　붓이거나 손톱으로
부처님을 그렸다면 　아이 어른 할 것 없이
이와 같은 사람들은 　그 공덕이 점점 쌓여
대자비심 갖추어서 　모두 성불 한 다음에
모든 보살 교화하고 　무량 중생 건졌노라
어떤 사람 탑과 절과 　불상이나 불화 앞에
꽃과 향과 깃발들과 　일산^{日 傘}들을 공양하고
악사 시켜 연주하되 　북도 치고 나팔 불고
퉁소 피리 거문고와 　비파와 징 바라들로
아름답고 묘한 음악 　아낌없이 공양하고
환희롭게 노래하며 　부처님 덕 찬탄하기
단 한번만 하였어도 　모두 성불 하였노라
어떤 사람 산란하고 　어지러운 마음으로
불상 향해 단지 한번 　예배커나 합장커나
한 손만을 든다거나 　머리 한번 숙이면서
공양을 한 사람들도 　차츰 제불 친견하고
깨달음을 이루어서 　많은 중생 제도한 뒤

섶이 다타 불 꺼지듯 무여열반 들었노라
어떤 사람 산란하고 어지러운 마음으로
탑과 법당 들어가서 단 한차례 만이라도
南無佛
나무불을 외운 이는 모두 성불 하였나니
지난 세상 부처님들 계실 때나 열반 뒤에
이 법문을 들은 이는 모두 성불 하였노라
그 수효가 한량없는 오는 세상 부처님도
그 모두가 하나같이 방편으로 설하노라
일체 모든 부처님은 한량없는 방편으로
모든 중생 제도하여 부처 지혜 얻게 하니
이 법문을 들은 이는 모두가 다 성불한다
부처님들 근본 원은 내가 닦은 이 불도를
중생들도 같이 닦아 성불하게 함이로다
셀수없는 백천만억 오는 세상 부처님들
많은 법문 설하지만 그 내용은 일불승뿐
無性
법이 본래 무성임을 부처님은 아시지만
부처되는 종자들이 인연 따라 생기므로
일승법을 설하시고 일승법에 머물지만

62

세간 모습 아시기에   방편법문 설하노라
천인들의 공양 받는   시방세계 부처님들
항하 모래 만큼 많이   이 세상에 출현하여
중생들을 편케 하려   여러 법문 설하시니
寂滅法
적멸법이 제일임을   분명하게 알면서도
방편으로 여러 길을   보여주는 이유인즉
오직 하나 일불승을   일러주기 위함이다
중생들의 모든 행과   마음 속의 생각들과
지난 세상 익힌 업과   욕심 성격 정진력과
근기들을 모두 알아   가지가지 인과 연과
비유들과 이야기를   방편으로 설하노라
지금 나도 그와 같이   중생들을 편케 하려
여러 가지 법문으로   부처의 도 보이나니
지혜로써 중생들의   성격 욕망 다 알고서
방편으로 설법하여   모두 환희 얻게 한다
佛眼
사리불아 바로 알라   내가 일찍 불안으로
육도 중생 살펴보니   빈궁하고 지혜 없어
생사의 길 잘못 들어   끊임없이 고통 받고

오욕락에 　깊이 빠져 　소가 꼬리 　사랑하듯
탐욕들과 　애착으로 　자기 눈을 　가리워서
아무것도 　보지 않고 　큰 힘 지닌 　부처님과
괴로움을 　끊는 법을 　구하려고 　하지 않고
온갖 삿된 　견해 속에 　깊이 빠져 　들어가서
괴로움을 　고통으로 　끊으려는 　것을 보고
이런 중생 　위하고자 　대비심을 　발했노라
나는 처음 　성불한 뒤 　보리수를 　바라보고
그 도량을 　거닐면서 　삼칠일을 　생각했다
'내가 얻은 　큰 지혜는 　미묘하기 　제일이나
근기 둔한 　중생들은 　쾌락에만 　집착하고
우매하기 　한없으니 　어찌 해야 　제도될까'
바로 그때 　범천왕과 　제석천과 　사천왕과
자재천 등 　여러 하늘 　백천만의 　권속들이
합장공경 　예배하며 　법륜 굴림 　청했으나
나 스스로 　생각했다 '일승법을 　찬탄해도
고통 속에 　빠진 중생 　이 법 믿지 　못하리라
믿지 않고 　비방하면 　삼악도에 　떨어지니

내 차라리 　설법 않고 　곧 열반에 　들어가리'
그때 문득 　과거불들 　행한 방편 　떠올리며
'내가 지금 　얻은 도를 　삼승으로 　설하리라'
이와 같이 　생각하자 　시방불이 　나타나서
맑고 고운 　음성으로 　위로하여 　주셨도다
'장하도다 　석가모니 　제일 가는 　도사시여
위가 없는 　참된 진리 　높은 법을 　얻었으니
과거 여러 　부처처럼 　삼승 방편 　쓸지어다
우리 또한 　미묘하고 　최고의 법 　얻었지만
중생 위해 　삼승으로 　분별하여 　설했노라
지혜 적어 　작은 법만 　즐길 뿐인 　소승(小乘)들은
자신들이 　성불할 수 　있다는 것 　못 믿기에
방편으로 　분별하여 　여러 과보 　설했나니
이 모두가 　결국에는 　보살 교화 　위함일세'
사리불아 　잘 알아라 　나는 모든 　부처님의
심히 깊고 　청정하고 　미묘하온 　음성 듣고
'나무불'을 　부르면서 　다시 생각 　하였도다
'오탁악세 　내 왔으니 　제불들이 　설한대로

나도 또한　방편 써서　중생들을　건지리라'
이와 같이　생각하고　녹야원에　나아가서
모든 법의　적멸상을 (寂滅相)　말로할 수　없었지만
방편력을　기울여서　다섯 비구　제도하니
바로 이를　이름하여　초전법륜 (初轉法輪)　이라하며
이로부터　열반법과 (涅槃法)　아라한과 (阿羅漢)　진리들과
스님 등의　이름들이　생겨나게　되었도다
나는 그 후　오랫동안　열반법을　찬탄하되
생사 고통　영원토록　다한다고　설했노라
사리불아　잘 알아라　내가 보니　불자들 중
나에게로　찾아와서　공경하는　마음으로
부처님 법　구하였던　천만억의　사람들은
제불들이　방편으로　설하였던　그 법들을
이미 들은　자인지라　나는 생각　했느니라
'모든 부처　오신 뜻은　참지혜인　일승법을
설하시기　위함이요　지금이 곧　그때로다'
사리불아　잘 알아라　근기 낮고　모자라고
지혜롭지　못한 이와　교만심이　많은 이는

66

높고 높은　이 가르침　능히 믿지　못하노라
내가 이제　두려움이　없는 기쁜　마음으로
방편들을　다 버리고　위없는 도　설하리라
보살들은　이 법 듣고　의심 그물　벗어나고
일천이백　아라한도　모두 성불　할 수 있게
시방삼세　제불께서　설법하던　의식(儀式)대로
나도 또한　무분별(無分別)의　일승법을　설하리라
제불 출현　드물어서　만나 뵙기　어려웁고
이 세상에　출현해도　이 법 설함　쉽지 않다
무량겁을　산다한들　이 법 듣기　어려우며
들으려고　하는 이도　실로 매우　드물도다
모든 이가　사랑하는　우담바라　꽃이 핌은
매우 보기　드물어서　때가 돼야　피어나듯
이 법 듣고　기뻐하며　찬탄 한번　하는 것이
삼세 모든　부처님께　공양함과　같아지니
이런 사람　드물기는　우담바라　이상이다
나는 법의　왕으로서　대중에게　고하노니
일불승의　묘한 도로　보살들을　교화할 뿐

성문 제자　없음이니　너희들은　의심 말라
사리불등　성문들과　보살들은　잘 알지니
이 묘법은　제불들의　비밀이요　핵심이다
　　妙法
오탁악세　애욕 속에　빠져들어　집착하는
어리석은　중생들은　끝내 불도　멀리하고
미래세의　악인들은　일승 법문　들더라도
미혹하여　믿지 않고　악도 속에　빠지노라
오직 잘못　참회하고　맑디맑은　마음으로
정성 다해　부처님 법　구하는 이　위해서만
일불승의　도를 널리　가르치고　찬탄하라
사리불아　잘 알아라　제불법은　이와 같이
　　　　　　　　諸 佛 法
억만가지　방편으로　근기 따라　설하지만
배우지를　않는 이는　이해할 수　없느니라
너희들은　제불께서　근기 따라　방편씀을
이제 바로　알았으니　결코 의심　하지 말고
'나도 부처　된다'는 것　확실하게　알고 믿어
대환희심　발하옵고　힘써 정진　할지니라

제3 비유품
第三 譬喩品

　　그때 사리불이 뛸듯이 기뻐하며 자리에서 일어나, 합장을 하고 부처님을 우러러 보며 아뢰었다.

　　"지금 세존의 이와 같은 법음(法音)을 들으니, 일찍이 느끼지 못하였던 기쁨이 마음에 가득해지옵니다. 무슨 까닭인가? 옛적에 세존께서 이와 같은 법문을 설하실 때 보살들은 '성불하리라' 수기를 받았으나, 저희는 그 대열 속에 참여하지 못하여 '여래의 무량지견(無量知見)을 잃었다'며 슬퍼하고 한탄하였나이다.

　　세존이시여, 저는 숲 속이나 나무 아래 홀로 앉거나 경행을 할 때 늘 이렇게 생각하였나이다.

'우리도 같은 법성(法性) 속에 들어가 있건만, 세존께서는 어찌하여 소승법만으로 우리를 제도하시는가?'

그러나 이제 보니 저희의 허물이었을 뿐, 세존의 잘못이 아니었나이다. 그 까닭이 무엇인가? 만일 저희가 아뇩다라삼먁삼보리를 성취할 수 있는 가르침을 듣고자 하였다면 반드시 대승법으로 제도하여 해탈을 얻도록 하였을 것입니다.

하오나 저희는 부처님께서 근기에 맞게 방편으로 설하셨음을 알지 못한 채, 처음 불법을 만났을 때 들은 것을 그대로 믿고서, '깨달음을 얻었다'는 생각을 하고 있었나이다.

세존이시여, 저는 옛적부터 지금까지 밤낮없이 스스로를 책망하였으나, 이제 부처님께 일찍이 듣지 못한 놀라운 법을 듣고 모든 의심과 회의를 끊게 되었으며, 몸과 마음의 평

온과 안정을 얻게 되었나이다. 저희는 오늘에
야 비로소 부처님의 참다운 아들이 되어 진
리 속에서 다시 태어났고 새롭게 귀의하였으
며, 법에서 화생(化生)하여 불법을 얻었다는 것을
알게 되었나이다."

　사리불이 거듭 게송으로 아뢰었다.

이 법문을　제가 듣고　전에 없던　법을 얻어
마음 크게　즐거웁고　의심 전혀　없사오니
오래전에　부처님께　가르침을　받았었던
대승법을　잃지 않고　간직했기　때문이요
세존 말씀　희유하여　중생 번뇌　없애주니
번뇌 다한　저 역시도　편안함을　얻습니다
이전에는　어디서건　앉고 서고　거닐 적에
항상 이 일　생각하며　깊이 자책　하였으니
'어찌 나는　그릇되이　스스로를　속였는가
우리 또한　불자로서　무루법(無漏法)을　얻었건만
미래세에　위없는 도　연설하지　못하리라

紫金色 　　三十二相 　　佛 十力 　　解脫
자금색등 　삼십이상 　불의 십력 　해탈 등이
모두같은 　법이건만 　나는얼지 　못하였고
八十種好 　　　　　　十八 　　　不共法
팔십종호 　비롯하여 　십팔가지 　불공법 등
부처님의 　공덕들을 　나는얼지 　못했도다'
제가 홀로 　경행하며 　부처님을 　보았더니
대중 속에 　계시지만 　시방세계 　이름 높고
많은 중생 　두루두루 　이익 되게 　하더이다
또한 제가 　이런 이익 　얼지 못한 　이유인즉
스스로를 　속여 왔기 　때문이라 　여기면서
저는 매일 　밤낮없이 　이에 대해 　생각하며
'과연 내가 　위없는 도 　얼었는가 　아닌가'를
솔직하게 　부처님께 　여쭤보고 　싶었지만
세존께서 　보살들만 　칭찬하고 　계시기에
혼자서만 　그에 대해 　번민하여 　왔나이다
다행히도 　부처님의 　말씀 이제 　듣고 보니
근기따라 　번뇌 없고 　부사의한 　법문 설해
대중들을 　도량으로 　인도하고 　계셨도다
불자 되기 　전의 저는 　삿된 견해 　집착하여

바라문교 스승 되어 많은 제자 두었는데
제 뜻 아신 세존께서 열반법을 설하시자
삿된 견해 다 버리고 공^空도리를 깨달은 뒤
이제 열반 얻었다고 제 스스로 여겼건만
지금에야 참된 열반 아니란 걸 아옵니다
만약 부처 되었다면 삼십이상 구족하고
천인 인간 야차 용과 귀신들이 공경할새
이러한 때 이르러야 모든 번뇌 다 사라져
무여열반^{無餘涅槃} 얻었다고 말을 할 수 있나이다
부처님이 대중 앞에 제가 '부처 된다' 하는
법음^{法音} 듣게 되었을 때 모든 의심 버렸지만
처음 이 말 들었을 때 매우 놀라 의심하길
'부처탈 쓴 마구니가 농락한다' 여겼는데
부처님이 인연들과 비유로써 설하심에
마음 다시 편해졌고 의심 사라 졌나이다
세존께서 이르셨네 '지난 세상 열반에 든
부처들도 방편으로 이러한 법 설하셨고
이 세상과 오는 세상 한량없는 부처님도

여러 가지　방편으로　이러한 법 설하시며
여기 있는　이 부처도　탄생하고　출가하여
도를 얻고　법륜 굴려　방편 법문 설했다'고.
세존만이　진실하고　바른 도를　설하실 뿐
이를 어찌　악마 파순　흉내낼 수　있으리까
　　　　　　　波旬
그런데도　제가 감히　의심 속에　휩싸여서
마구니의　짓이라고　생각했던　것입니다
세존께서　저희 위해　부드러운　음성으로
심히 깊고　미묘하고　청정한 법　설하시니
제가 매우　기뻐하며　의심들을　모두 끊고
진실뿐인　지혜 속에　안주하게　되었나니
저도 장차　성불하여　천인 인간 공경 받고
無上法輪
무상법륜　굴리면서　보살 교화　하오리다

그때 부처님께서 사리불에게 이르셨다.
"내 이제 천인·인간·사문·바라문 등의 모
든 대중에게 이르노라. 나는 옛날 2만억 부처
님들 밑에 있을 때부터 너에게 위없는 도를

74

구하도록 교화하였고 너 또한 오랜 세월동안 나를 따라 배웠기에, 방편으로 너를 인도하여 나의 법 가운데에 나게 하였느니라.

사리불아, 나는 오래전에 너에게 '부처되는 도를 구하라'고 하였으나, 너는 그것을 다 잊어버리고 스스로 '이미 멸도를 얻었다'고 하였다. 이에 나는 네가 본래 행하고 원하였던 도를 생각나게 하기 위해 성문들에게 이 대승경을 설하나니, 이름은 '묘법연화(妙法蓮華)'요, 보살을 가르치는 법이며, 부처님들께서 늘 보호하고 살피는 경이니라.

사리불아, 너는 미래세에 무량무변 겁 동안 천만억 부처님께 공양하고 부처님의 바른 법을 받들면서 보살도를 행한 뒤에 성불하리니, 이름이 화광여래(華光如來)·응공·정변지·명행족·선서·세간해·무상사·조어장부·천인사·불세존이니라.

그 세계의 이름은 이구(離垢)로, 땅이 평평하고

반듯하고 깨끗하게 단장되어 있으며, 태평하고 풍성하여 천인과 사람들이 번성할 것이니라. 유리로 된 땅에는 여덟 갈래의 길이 있는데, 길가는 황금줄로 장식되어 있고, 칠보로 된 가로수가 있어 꽃과 과일이 늘 무성하니라.

사리불아, 이 화광여래 또한 삼승으로 중생을 교화하리니, 비록 그때가 악세(惡世)는 아니지만 본래의 원이 그러하므로 삼승법을 설하게 되는 것이니라.

그 겁(劫)의 이름은 대보장엄(大寶莊嚴)이니, 왜 이렇게 이름하는가. 그 나라는 보살을 큰 보배로 삼기 때문이니, 그 나라의 보살들은 부처님의 한량없고 가없는 지혜가 아니고는 알 수가 없느니라.

만일 그들이 걷고자 하면 보배연꽃이 그 발을 받드나니, 그 보살들이 처음 발심한 초발의(初發意)가 아니라, 오랜 옛적부터 선근을 심고 백천만억 부처님 밑에서 청정한 행을 닦았기 때문이니라. 그들은 늘 제불들로부터 칭찬을 들으면서, 부처님의 지혜를 닦아 큰 신통력을 갖추었을 뿐 아니라, 모든 법에 들어가는 문을 잘 알며, 정직하여 거짓이 없고 뜻이 견고하나니, 그 나라에는 이와 같은 보살이 가득하느니라.

사리불아, 화광여래의 수명은 12소겁[小劫]이니, 성불하기 전 왕자 때의 수명은 제외하노라. 또 그 나라 백성의 수명은 8소겁이니라.

화광여래는 12소겁을 지낸 뒤에 견만보살[堅滿菩薩]에게 아뇩다라삼먁삼보리를 얻을 것이라는 수기를 준 다음 비구들에게 이르느니라.

'이 견만보살은 다음에 부처가 되어 이름을 화족안행[華足安行] 다타아가도[여래]·아라하[응공]·삼먁삼불타[정변지]라 할 것이며, 그 불국토도 이와 같으니라.'

사리불아, 화광여래가 멸도한 뒤 정법[正法]이 세

상에 머무름은 32소겁이요, 상법도 32소겁동 像法
안 세상에 머무느니라."

　그때 세존께서 이 뜻을 거듭 펴고자 게송
으로 이르셨다.

사리불이　　오는세상　　성불하여　　지존되면 智尊
화광여래　　이름으로　　무량중생　　제도하리
많은부처　　공양하고　　보살행과　　십력등의
여러공덕　　갖추어서　　위없는도　　증득하니
무량한겁　　지난뒤의　　겁이름은　　대보장엄 大寶莊嚴
세계이름　　이구이니　　청정하기　　그지없고 離垢
유리로된　　땅의길옆　　황금줄로　　장식하고
칠보로된　　가로수는　　꽃과열매　　무성하다
그나라의　　모든보살　　뜻과생각　　견고하고
무량무수　　부처님께　　보살도를　　잘배워서
큰신통과　　바라밀을　　남김없이　　성취하니
화광여래　　이와같은　　대보살들　　교화한다
왕자로서　　태어나나　　부귀영화　　다버리고

윤회 없는　마지막 몸　출가하여　성불하니
화광여래　누릴 수명　십이소겁　능히 되고
그 나라의　백성 수명　팔소겁에　이르노라
그 부처님　멸도한 뒤　많은 중생　제도하는
正法
정법 세상　머무름은　소겁으로　三十二劫 삼십이겁
像法
정법 뒤의　상법 또한　삼십이겁　능히 되며
舍利
사리 널리　유포되니　人天 인천들이　공양한다
화광여래　하는 일들　앞서 말한　것과 같고
성스러운　지혜 자비　견줄 이가　없으리니
그가 바로　너이니라　마음 가득　기뻐하라

그때 사부대중인 비구·비구니·우바새·우바이와 천·용·야차·건달바·아수라·가루라·긴나라·마후라가 등의 모든 대중들은 사리불이 부처님 앞에서 아뇩다라삼먁삼보리를 얻게 된다는 수기를 받는 것을 보고 몹시 기뻐하여, 각자가 입고 있던 웃옷을 벗어 세존께 공양하였다.

또 석제환인〔제석천왕〕과 범천왕은 무수한 천자들과 함께 천상의 옷과 천상의 만다라화와 마하만다라화를 공양하였다. 천상의 옷들은 허공에서 빙글빙글 맴돌았고, 백천만가지 하늘의 음악이 한꺼번에 울려 퍼졌으며, 하늘 꽃들이 비 오듯이 내려왔다. 바로 그때 허공에서 소리가 들려왔다.

"부처님께서는 오래 전 바라나〔바라나시〕의 波羅奈 녹야원에서 초전법륜을 굴리셨는데, 이제 다鹿野苑 初轉法輪 시 가장 높고 가장 큰 법륜을 굴리시도다."

천인들은 거듭 게송을 읊었다.

오래 전에   바라나서   사제법륜   굴리시어
                        四諦法輪
모든 법이   오음으로   생멸함을   설하셨고
            五陰
이제 다시   가장 높은   큰 법륜을   굴리지만
깊고 깊은   미묘법문   믿는 이가   드뭅니다
저희들은   옛적부터   세존 설법   들었지만
이와 같이   깊고 묘한   법 들은 적   없었는데

이제 이 법 설하시니   크게 수희^{隨喜} 하옵니다
지혜 제일 사리불이   성불수기 받았으니
저희 또한 오는 세상   틀림없이 성불하여
세상에서 가장 귀한   부처님이 되고난 뒤
부사의한 부처의 도^道   근기 따라 설하고자
과거현세 복업들과   부처님 뵌 공덕들을
남김없이 불도에로   모두회향 하옵니다

    그때 사리불이 부처님께 아뢰었다
    "세존이시여, 부처님께서 직접 '아뇩다라삼
먁삼보리를 얻는다'는 수기를 해주셨기에, 저
는 이제 의심이나 회의가 없게 되었나이다.
그러나 1천 2백 명의 마음이 자재한 아라한
들은 전에 듣지 못했던 이 법을 듣고 모두 의
심에 빠졌나이다. 왜냐하면 전에 그들이 배우
는 자리에 있었을 때 부처님께서 교화하시며
늘 이르셨나이다.
    '나의 법은 생로병사를 능히 벗어나게 하고

마침내는 열반에 이르게 한다.'

그리하여 아직 배울 것이 남아 있는 유학(有學)
비구들과 더 배울 것이 없는 무학(無學) 비구들은
저마다, 자아가 있다고 고집하는 아견(我見), 자아
가 항상 존재한다고 고집하는 유견(有見), 죽으면
모든 것이 없어진다고 고집하는 무견(無見)을 버린
다음, 스스로 열반을 얻었다고 생각하게 되었
나이다.

거룩하신 세존이시여, 원하옵건대 이러한
법을 설하시는 인연을 말씀하시어 사부대중
으로 하여금 모든 의심에서 벗어나게 하소
서."

부처님께서 사리불에게 이르셨다.

"내가 먼저 말하지 않았더냐? '모든 부처님
께서 갖가지 인연과 비유와 이야기와 방편으
로 설법하심은 모두 아뇩다라삼먁삼보리를
얻게 하기 위한 것이다'라고. 이와 같이 설한
것은 모두 보살을 교화하기 위한 것이었느니라.

사리불아, 내 이제 다시 비유로써 이 뜻을 설명하리니, 지혜로운 이들은 이 비유를 들으면 잘 이해할 수 있느니라.

① 화택유 火宅喩

사리불아, 어떤 나라의 한 마을에 큰 장자(長者)가 살고 있었느니라. 그는 늙고 쇠약하였으나, 재산이 한량없이 많고 전답과 가옥과 하인들이 많았느니라.

그의 집은 매우 크고 넓었으나 대문은 하나뿐이었고, 그 안에 백명 2백명 내지 5백명의 사람들이 살고 있었지만, 집은 낡고 담은 허물어졌으며 기둥은 썩고 대들보는 기울어져 위태로웠느니라.

어느 날 갑자기 불길이 치솟아 그 집을 태우기 시작하였는데, 그 안에는 열·스물·서른명이나 되는 장자의 아들이 있었느니라.

장자는 큰 불이 사방에서 치솟는 것을 보

고 몹시 놀라 이렇게 생각하였느니라.

'나는 비록 이 불타는 집에서 무사히 빠져 나왔지만, 불타는 집 안에서 장난을 하며 노는 데만 정신이 팔려있는 저 아들들은 불이 난 것도 알지 못하고 두려워하지도 않는구나. 불길이 곧 몸에 닿아 고통을 한없이 겪을 것인데, 걱정을 하지도 않고 나올 생각도 하지 않는구나.'

사리불아, 이 장자는 또 생각했느니라.

'나는 힘이 세니 놀고 있는 아들들을 옷 담는 상자나 궤짝 등에 담아 들고 나오리라.'

그러다가 다시 생각하였느니라.

'이 집은 문이 하나밖에 없는데다가 매우 좁다. 노는 데만 정신이 팔려 영문도 모르는 어린 것들이 떨어지기라도 한다면 불에 타게 될 것이다. 차라리 위험하고 무서운 상황을 알려서 불타는 집에서 빨리 나오게 해야겠다.'

그리고는 아들들에게 빨리 나오라고 소리를 쳤느니라.

아버지가 불쌍히 여겨 좋은 말로 달래어도 보았지만, 아들들은 노는 데만 정신이 팔려 아버지의 말을 믿으려 하지 않았고, 놀라지도 두려워하지도 않았기 때문에 나오려는 생각을 전혀 하지 않았느니라. 더욱이 무엇이 불인지 무엇이 집인지 무엇이 잘못된 것인지도 모른 채, 뛰어다니고 놀면서 아버지를 바라보기만 할 뿐이었느니라.

그때 장자는 생각했느니라.

'이 집은 이미 큰 불에 휩싸여 있다. 아들들이 지금 나오지 않으면 반드시 불에 타게 되리라. 그러니 방편을 써서 아들들이 화를 면할 수 있도록 해야겠다.'

아버지는 아들들이 갖가지 진기하고 재미있는 장난감을 좋아하는 것을 알고 이렇게 말했느니라.

'너희가 좋아하고 갖고 싶어 했던 진귀한 장난감이 여기에 있다. 지금 가져가지 않으면 반드시 후회하리라. 양이 끄는 수레[羊車 양거]·사슴이 끄는 수레[鹿車 녹거]·소가 끄는 수레[牛車 우거]들이 문 밖에 있으니, 너희는 불타는 집에서 빨리 나오너라. 너희가 달라는 대로 나누어 주겠노라.'

그때 아들들은 아버지가 준다는 장난감이 마음에 들었으므로 매우 기뻐하면서 앞을 다투어 불타는 집에서 뛰쳐나왔느니라.

장자는 아들들이 모두 무사히 나와 네거리 위에 안전하게 앉는 것을 보고는, 걱정이 없어지고 마음이 놓여 한없이 기뻐하였느니라. 그때 아들들이 아버지에게 말했느니라.

'아버지께서 주신다고 했던 양이 끄는 수레와 사슴이 끄는 수레와 소가 끄는 수레를 지금 주십시오.'

사리불아, 그때 장자는 아들들에게 큰 수레

86

를 하나씩 주었느니라. 그 수레는 높고 크고 갖가지 보배로 장식되어 있었으며, 주위에는 난간이 둘러쳐져 있고 사면에는 방울이 달려 있었느니라. 또 위에는 갖가지 색의 진기한 보배로 장식된 일산이 설치되어 있었고, 보배 구슬을 꿴 갖가지 아름다운 끈이 드리워져 있었느니라. 또 자리에는 부드러운 천을 겹겹 으로 깔고, 붉고 아름다운 베개를 놓았느니 라. 또 멍에를 멘 흰 소는 빛깔이 청결하고 몸 매가 아름다웠으며, 힘이 매우 좋아 걸음이 안정되면서도 빠르기가 바람 같았고, 많은 시 종들이 호위하고 있었느니라.

이처럼 수레가 훌륭했던 까닭은 장자가 큰 부자여서 그의 창고에 재물이 가득 찼기 때 문이요, 또 다음과 같이 생각했기 때문이니 라.

'나의 재산은 한량이 없으니 아들들에게 변 변치 못한 작은 수레를 주는 것은 옳지 못하다. 나에게는 칠보(七寶)로 된 큰 수레가 얼마든지 있으니, 내가 똑같이 사랑하는 이 아들들에게 차별 없이 평등하게 골고루 나누어 주리라. 나에게는 이런 것들이 온 나라 사람들에게 다 나누어 주더라도 없어지지 않을 만큼 많이 있거늘, 어찌 나의 아들들에게 주지 않으랴?'

그때 아들들은 각각 큰 수레를 타고 감탄을 하였나니, 이는 일찍이 생각해보지도 못했던 것이기 때문이었느니라.

🌸

사리불아, 네 생각은 어떠하냐? 이 장자가 아들들에게 크고 훌륭한 보배 수레를 똑같이 나누어 준 것이 거짓말을 한 것이냐?"

"아니옵니다, 세존이시여. 이 장자가 아들들로 하여금 화를 면하고 목숨을 보전하도록 한 것만으로도 거짓이 아닙니다. 왜냐하면 목숨을 보전한 것 자체가 이미 훌륭한 장난감을 얻은 것과 같기 때문입니다.

또 세존이시여, 만일 이 장자가 제일 작은 수레조차 주지 않았다 할지라도 그것은 거짓말이 아닙니다. 왜냐하면 이 장자가 애초에 '방편으로 아들들을 나오게 하리라' 생각하였기 때문입니다. 하물며 자기에게 재산이 많음을 알고, 아들들을 이롭게 하고자 큰 수레를 골고루 나누어 주지 않았습니까?"

부처님께서 사리불에게 이르셨다.

"옳고 옳도다. 그대의 말과 같으니라.

사리불아, 여래 또한 이 장자와 같나니, 바로 일체 세간의 아버지이니라.

여래는 모든 두려움과 고뇌와 근심과 재난과 무명(無明)의 어두움을 영원히 벗어났으며, 끝없는 지견과 십력(十力)과 사무소외(四無所畏)를 성취하였으며, 큰 신통력과 지혜력을 지니고 있으며, 방편바라밀(方便波羅蜜)과 지혜바라밀(智慧波羅蜜)을 다 갖추었으며, 대자대비(大慈大悲)로 게으름 없이 항상 착한 일을 찾아서 중생을 이롭게 하느니라.

그러므로 삼계의 썩고 낡은 불타는 집에
태어난 중생들을 생로병사의 고통과 근심·걱
정·고뇌와 무명과 삼독(三毒)의 불길 속에서 건져
내고 교화하여 아뇩다라삼먁삼보리를 얻게
하느니라.

내가 보니 중생들은 생로병사의 고통과 근
심·걱정·고뇌의 불에 타고 있고, 오욕(五欲)과 재
물에 대한 이익 때문에 온갖 고통을 받고 있
느니라. 또 끝없이 탐착하고 구하느라 현세에
서 온갖 고통을 받고, 죽어서는 그 업 때문에
지옥·아귀·축생에 태어나는 고통을 받으며,
천상이나 인간 세상에 태어나더라도 빈궁하
게 살고 사랑하는 이와 헤어지거나 원수와
만나게 되는 등의 고통을 받고 있느니라.

그러나 중생들은 그 가운데 빠져 즐겁게
놀면서, 그것이 고통인지를 알지도 깨닫지도
못하고, 놀라지도 두려워하지도 않으며, 고통

을 싫어하여 해탈을 구하려는 생각도 없느니라. 오직 삼계의 불타는 집에서 동서로 뛰어 달리며 큰 고통을 당하고 있어도 근심조차 할 줄을 모르느니라.

사리불아, 나는 그들의 모습을 보고 생각했느니라.

'내 중생들의 아버지가 되었으니 마땅히 그들을 고통에서 구해 주고, 한량없는 부처님 지혜의 즐거움을 주어 참으로 즐겁게 놀 수 있도록 하는 것이 옳으리라.'

사리불아, 나는 또 이렇게 생각했느니라.

'내가 만약 방편을 버리고 신통력과 지혜의 힘만으로 중생들에게 여래지견(如來知見)과 십력(十力)과 사무소외(四無所畏)를 찬탄한다면 중생들을 제도할 수 없을 것이다. 왜냐하면 이 중생들이 아직 생로병사의 고통과 근심·걱정·고뇌에서 벗어나지 못한 채, 여전히 삼계의 불타는 집에서 살고 있기 때문이다. 그들이 어떻게 부처님의

지혜를 알 수가 있겠는가?'

　사리불아, 마치 저 장자가 몸과 팔에 힘이 있으나 쓰지 않고, 은근히 방편으로 아들들을 불타는 집에서 구해 낸 뒤에 그들 각각에게 훌륭한 보배 수레를 나누어 주는 것처럼, 여래 또한 십력과 사무소외를 지니고 있으나 그것을 쓰지 않고, 다만 지혜와 방편으로 삼계의 불타는 집에서 중생들을 구해내고자 성문·벽지불·불승^{佛乘}의 삼승을 설하면서 이렇게 말하느니라.

　'너희는 삼계의 불타는 집에 머물러 있는 것을 즐기지 말라. 하찮은 색^色·소리·냄새·맛·촉감을 탐내지도 말라. 만일 탐내고 집착하다가 애정이 생기면 불에 타게 되지만, 너희가 삼계에서 속히 나오면 성문·벽지불·불승을 얻게 되느니라. 내 이제 너희를 위해 이 일을 책임지고 보증하나니, 너희는 오직 부지런히 수행정진할지니라.'

여래는 이와 같은 방편으로 중생들을 달래어 바른 길로 나아가게 하고는 또 이렇게 말하느니라.

'마땅히 알아라. 이 삼승법은 성인이 칭찬하는 바요, 걸림 없이 자재하며 즐거움을 따로 구할 필요가 없다. 이 삼승을 타면 청정한 오근五根·오력五力·칠각지七覺支·팔정도八正道·선정禪定·해탈解脫·삼매三昧 속에서 큰 기쁨을 체험하며, 한없는 편안함과 즐거움을 누리게 될 것이다.'

사리불아, 만일 어떤 지혜로운 중생이 부처님의 설법을 듣고 믿고 받아 지녀서, 속히 삼계를 벗어나고 열반을 구하고자 꾸준히 정진하면 이런 이를 성문승聲聞乘이라 이름하나니, 이는 장자의 아들들이 양이 끄는 수레를 얻으려고 불타는 집에서 나오는 것과 같으니라.

또 어떤 중생이 부처님의 설법을 듣고 믿고 받아 지녀서 부지런히 자연의 지혜自然慧〔自然慧〕를 구하며, 혼자 있기를 즐기고 모든 법의 인연을 깊이 알면 이런 이를 벽지불승이라 이름하나니, 이는 장자의 아들들이 사슴이 끄는 수레를 얻고자 불타는 집에서 나오는 것과 같으니라.

또 어떤 중생이 부처님의 설법을 듣고 믿고 받아 지녀서 부지런히 수행하여 일체지·자연지·무사지와 여래지견·십력·사무소외를 얻고자 하며, 수많은 중생들을 불쌍히 여겨 안락하게 하고 천인과 인간을 모두 이롭게 하여 해탈시키고자 하면, 이런 이를 대승보살이라 이름하며, 이렇게 대승을 구하기에 마하살이라 하나니, 이는 장자의 아들들이 소 수레를 얻고자 불타는 집에서 나오는 것과 같으니라.

사리불아, 마치 저 장자가 불타는 집에서 무사히 빠져 나와 안전한 곳에 이른 아들들을 보면서 스스로에게 재산이 많음을 생각하고 아들들에게 큰 수레를 평등하게 나누어

준 것과 같이, 모든 중생의 아버지인 여래도 한량없는 중생들이 자신의 가르침을 통하여 삼계의 고통과 두렵고 험한 윤회의 길에서 벗어나 열반의 즐거움을 얻었음을 보고는 이렇게 생각하느니라.

'나에게는 한량없는 지혜의 힘과 사무소외, 그리고 모든 부처님의 가르침인 법장[法藏]〔법의 창고〕을 가지고 있다. 모든 중생은 다 나의 자식이니, 그들에게 각기 다른 멸도[滅度]를 얻게 하기 보다는 골고루 대승법을 설하여 모두 다 여래의 멸도를 얻게 하리라.'

그리고는 삼계에서 벗어난 이들에게 부처님들이 지닌 선정·해탈 등과 같은 장난감들을 주나니, 이는 모두 한 모습[一相]〔일상〕이요 한 종류[一種]〔일종〕로 성인들이 칭찬하는 바요, 이로부터 능히 청정하고 미묘한 제일의 즐거움[第一之樂]〔제일지락〕이 생겨나느니라.

사리불아, 저 장자가 세 가지 수레로 아들

들을 유인한 뒤에 보물로 장식한 큰 수레를 주어 가장 편안하고 즐겁게 한 것이 거짓말이 아니듯이, 여래 또한 이와 같아서 거짓이 없느니라.

처음 여래는 삼승을 설하여 중생들을 인도한 다음에 오로지 대승으로 해탈을 얻게 하느니라. 왜냐하면 여래는 한량없는 지혜와 십력과 사무소외와 모든 부처님들의 법장을 지니고 있으므로 일체 중생에게 대승의 법을 설하여 줄 수 있지만, 중생들은 그것을 처음부터 능히 받아들일 수 없기 때문이니라.

사리불아, 이러한 인연으로 마땅히 알지니, 부처님들은 방편력으로 일불승(一佛乘)을 분별하여 성문·연각·보살의 삼승(三乘)을 설하는 것이니라."

부처님께서는 이 뜻을 거듭 펼치고자 게송으로 이르셨다.

비유하면 어떤 장자 크나큰 집 가졌나니

집이 너무　오래 되어　퇴락하고　낡았기에
집채 매우　위태롭고　기둥뿌리　썩어들고
대들보는　기울었고　축대들은　무너졌다
담과 벽은　갈라지고　발랐던 흙　떨어지고
지붕 썩어　내려앉고　서까래도　빠져있고
막혀버린　골목에는　오물들이　가득한데
그 속에서　오백 식구　오밀조밀　살고 있다
소리개와　올빼미와　부엉이와　독수리들
까마귀와　까치들과　산비둘기　집비둘기
독사뱀과　살모사와　전갈 등의　독충들과
지네들과　그리마와　도마뱀과　노래기들
족제비와　살쾡이와　온갖 생쥐　나쁜 벌레
혐오스런　무리들이　이리 저리　뛰고 긴다
똥과 오줌　냄새나고　더러운 것　가득한데
말똥구리　벌레들이　날아들어　위를 덮고
여우 이리　야간들이　죽은 송장　서로 물고
찢고 밟고　뜯고 하여　살과 뼈가　나뒹구니
냄새 맡은　개떼들이　몰려와서　물고 당겨

먹을 것을　쟁취하려　이리저리　날뛰면서
서로 싸워　이기려고　으렁으렁　짖어대니
그 집 속의　무서움이　이와 같이　험하니라
여기 저기　곳곳마다　도깨비와　귀신들과
야차들과　아귀들이　사람 고기　씹어 먹고
여러 종류　독충들과　표독스런　짐승들이
새끼 쳐서　젖 먹이고　보호하며　기르는데
야차들이　달려와서　앞 다투어　잡아먹고
먹고 나서　배부르면　악한 마음　치성하여
무서웁게　악을 쓰며　싸워대니　더 무섭다
구반다란　귀신들은　땅바닥에　앉았다가
어떤 때는　땅 위에서　한두 자씩　뛰오르고
이리 저리　왔다 갔다　제멋대로　노닐다가
개다리를　움켜잡고　목을 눌러　졸라대니
찍소리도　못하는 개　공포 속에　잠긴다네
또한 키가　장대하고　검고 여윈　귀신들은
발가벗은　모습으로　그 집 속에　있으면서
큰 소리로　악을 쓰며　먹을 것을　서로 찾고

목구멍이　바늘구멍　만큼 작은　귀신들은
늘 주리고　목이 말라　울부짖고　헤매이며
또한 어떤　귀신들은　소의 머리　형상으로
사람 시체　뜯어먹고　개고기를　먹느라고
헝클어진　머리 몰골　흉하기가　짝 없으며
야차들과　아귀들과　모든 악한　새와 짐승
배고프고　굶주려서　창틈으로　살피나니
여러 가지　환난들과　두려움이　끝없도다
이와 같이　낡은 집이　한 사람의　소유인데
그 사람이　외출한지　얼마 되지　아니하여
그 집안의　뒤뜰에서　갑작스레　불이 나서
사면으로　한꺼번에　맹렬하게　번져나가
대들보와　서까래와　많고 많은　기둥들이
벼락치는　소리내며　갈라지고　진동하고
꺾어지고　부러졌고　담과 벽도　무너졌네
여러 종류　귀신들이　큰소리로　울부짖고
부엉이와　독수리와　구반다 등　귀신들은
당황하고　얼이 빠져　나올 줄을　모르누나

독충들과　악한짐승　구멍찾아　숨어들고
그 집안에　살고있던　비사사람　귀신들은
복과 덕이　없는탓에　타는 불에　쫓기면서
잔인하게　서로죽여　피를빨고　살 먹으며
이미 죽어　널려 있는　여우들의　시신 향해
크고악한　짐승들이　몰려와서　뜯어 먹네
냄새 나는　연기들이　사방으로　자욱한데
지네들과　그리마와　독사들의　무리들이
불에 타고　뜨거워서　구멍에서　나올지면
구반다가　그 즉시로　모조리 다　주워 먹고
또한 모든　아귀들은　머리 위에　불이 붙어
주린데다　뜨거워서　황급하게　달아난다
그 큰집이　이와 같이　두려웁고　무서우며
<ruby>독<rt>毒</rt></ruby><ruby>해<rt>害</rt></ruby>부터　화재까지　재난들이　가득한데
바로 그때　집 주인은　대문 밖에　서 있었다
어떤 이가　말하기를 '장난질을　좋아하는
당신 여러　아들들이　그 집 속에　갇혔는데
어린 것들　소견 없어　노는 데만　빠져 있소'

이 말 듣고 놀란 장자 불타는 집 뛰어들어
아이들을 건져내어 불타 죽게 안 하려고
방편으로 타이르며 많은 환난 설명했네
'악귀들과 독충에다 큰 불까지 일어나서
고통들이 점차 늘어 끊이지를 않는단다
살모사와 독사 전갈 여러 종류 야차들과
구반다란 귀신들과 여우 등과 개의 무리
부엉이와 독수리와 소리개와 올빼미와
노래기와 지네들이 배고프고 목이 말라
호시탐탐 노리는 꼴 두렵기가 한없는데
이런 고통 난리 속에 큰불까지 일어났다'
철이 없는 아들들은 아버지 말 들었으나
놀이에만 정신 팔려 희희낙락 즐겼도다
바로 이때 그 장자는 생각 다시 돌이켰다
'아들들이 이 같으니 내 근심이 더 하누나
이 집에는 즐길 것이 조금치도 없건마는
저 아이들 정신없이 노는 데만 빠져있어
내 말 듣지 아니하니 장차 화를 당하리라'

그때 다시 생각하고 방편으로 말했도다
'내가 가진 여러 가지 장난감들 가운데에
보배로운 양의 수레 사슴 수레 소 수레를
대문 밖에 두었으니 어서 빨리 나오너라
너희 위해 내가 이런 수레들을 꾸몄으니
마음대로 취하여서 즐거웁게 놀지니라'
아들들은 그런 수레 있다는 말 듣자마자
앞 다투고 서로 밀며 불타는 집 뛰쳐나와
넓은 공터 이르러서 모든 고난 면하였다
그 장자는 아들들이 불타는 집 빠져나와
네 거리에 앉는 것을 사자좌에 높이 앉아
환희롭게 굽어보며 자축하여 말했도다
'나는 이제 쾌락하다 애써 기른 어린 것들
철이 없고 어리석어 험한 집에 있었노라
득실대는 독충들과 도깨비도 무서운데
불길까지 사방에서 맹렬하게 일었건만
철모르는 자식들이 놀기에만 정신 팔려
닥쳐올 화 잊은 채로 뛰어놀고 있었구나

내가 이제　　구하여서　　화 면하게　　하였으니
사람들아　　이제서야　　내 마음이　　쾌락하다'
그때 여러　　자식들이　　편안하게　　앉아 있는
아버지께　　나아가서　　이와 같이　　말했도다
'세 가지의　　보배 수레　　저희에게　　주옵소서
저희들이　　나올지면　　세 가지의　　수레 중에
원하는 것　　주신다고　　분명 약속　　하셨으니
지금이 곧　　때입니다　　어서 나눠　　주옵소서'
큰 부자인　　그 장자는　　보물 창고　　많이 있어
금과 은과　　유리들과　　자거 마노　　산호 진주
여러 가지　　보배들로　　큰 수레를　　만들면서
아름답게　　장식하되　　좌우 난간　　둘렀으며
사방에다　　풍경 달고　　황금 줄과　　진주들로
장식을 한　　그물로써　　장막처럼　　위를 덮고
황금 꽃과　　구슬들로　　여러 곳을　　장식하고
여러 가지　　색깔들로　　그림 그려　　둘렀으며
부드러운　　비단으로　　앉는 자리　　만든 다음
수천억의　　가치 지닌　　훌륭하기　　그지없는

희고 맑고　　묘한 천을　　수레 위에　　덮었도다
이 수레를　　살이 찌고　　몸매 또한　　아름다운
크고 힘센　　흰소 몸에　　메어 끌게　　하였으며
많고 많은　　시종들이　　따라가며　　호위하는
이와 같은　　좋은 수레　　아들에게　　주었도다
바로 이때　　아들들이　　환희하여　　춤추면서
보배로 된　　수레 타고　　사방으로　　내달리니
즐거웁게　　노는 모양　　걸림 없이　　자유롭다
사리불아　　이르노니　　나도 또한　　이와 같아
성인 중에　　가장 높은　　이 세간의　　아버지다
일체 모든　　중생들이　　모두 나의　　자식인데
세상 쾌락　　집착할 뿐　　지혜롭지　　못한데다
이 삼계의　　불안함은　　타오르는　　집과 같아
온갖 고통　　가득 찼고　　그지없이　　두렵나니
나고 늙고　　병이 들고　　죽는 고통　　항상 있고
온갖 우환　　불길들이　　맹렬하게　　타오른다
여래들은　　이 삼계의　　불타는 집　　일찍 떠나
숲과 들 등　　편안하고　　고요한데　　머물지만

이 삼계는　모두가 다　내 소유의　집과 같고
그 가운데　있는 중생　모두 나의　아들이며
지금 여기　넘쳐나는　여러 가지　환난들도
오직 내가　아닐지면　구제할 수　없느니라
타이르고　가르쳐도　능히 믿지　아니함은
오욕락과　번뇌 속에　깊이 얽힌　까닭이다
이에 나는　방편으로　삼승법을　설하나니
중생들이　삼계속의　고통들을　바로 알아
이 세간을　벗어나게　하기 위한　것이로다
아들들의　믿는 마음　확고하게　정해지면
삼명^{三明}에다　육신통을　모두 갖춘　성문이나
연각 또는　불퇴전에　이른 보살　되느니라
사리불아　잘 들어라　중생들을　위해 나는
이와 같은　비유로써　일불승을　설하노니
너희들이　만일 이제　이를 믿고　지닌다면
너희들은　모두가 다　부처의 도　이루리라
일불승은　미묘하고　청정하기　제일이요
일체 모든　세간에서　위가 없이　가장 높아

부처님도 기뻐하고 일체 모든 중생들도
칭송하고 찬탄하고 공양하고 예배한다
한량없는 억천 가지 많고 많은 힘과 해탈
선정 지혜 등과 같은 부처님의 여러 법들
일승법을 얻게 되면 모두 함께 이루나니
큰 수레를 얻은 아들 길이길이 즐겨 타듯
보살들과 성문 등의 믿음 지닌 대중들이
일불승에 올라타면 불도량(佛道場)에 바로 간다
이와 같은 까닭으로 시방세계 어디에도
일불승을 뛰어넘는 수레 찾지 못하노라
사리불아 이르노니 너희들은 모두가 다
부처님의 아들이요 나는 너희 아버지다
오랜 겁을 불 속에서 고통 받은 너희들을
내 반드시 건져내어 삼계에서 구하리라
내 이전에 '너희들도 멸도(滅度)했다' 하였지만
생사만이 끝났을 뿐 참된 멸도 아니니라
이제 응당 너희 할 일 부처 지혜 구함이니
여기 대중 가운데에 함께하는 보살들은

106

일심으로 　부처님의 　진실한법 　잘 들어라
모든부처 　세존께서 　비록방편 　썼지마는
교화가 된 　다음에는 　모두가 다 　보살이다
어떤 사람 　지혜 작고 　애욕에만 　집착하면
이를벗게 　하기 위해 　苦聖諦 고성제를 　설하나니
이 희유한 　법문 들은 　중생들이 　기뻐함은
고성제가 　진실되고 　틀림없기 　때문이다
또 무엇이 　괴로움의 　근본인지 　잘 몰라서
苦 고를 낳는 　행위들인 　集聖諦 집성제에 　집착하여
못 버리는 　이를위해 　방편으로 　설하기를
탐욕심이 　모든 고통 　원인이라 　하였노라
만일 탐욕 　없어지면 　苦 고가 의지 　할데 없어
온갖 고통 　소멸되니 　滅聖諦 멸성제라 　하였노라
멸성제를 　이루려면 　道聖諦 도성제를 　닦고 닦아
고의 속박 　벗게 되면 　해탈이라 　했느니라
이 사람들 　진정으로 　해탈하게 　된 것일까
허망함을 　떠났기에 　해탈이라 　한 것일 뿐
실제로는 　완전하게 　해탈한 것 　아니기에

참된 멸도 얻은 것은 아니라고 말했으며
이 사람들 위없는 도 아직 얻지 못했기에
참 멸도에 이르렀음 인정하지 않느니라
나는 법의 왕으로서 모든 법에 자재하며
중생들을 편케 하려 이 세상에 나왔도다
사리불아 일승법은 내 가르침 근본으로
온 세간에 이익 주려 지금 설한 것이니라
그러므로 제 맘대로 발설하면 아니 된다
만일 이 법 알아듣고 기뻐하며 받든다면
알지니라 이 사람은 불퇴전의 보살이요
어떤 이가 이 가르침 믿고 받아 지닌다면
이 사람은 지난 세상 부처님을 친견하여
공경하고 공양하며 이 법문을 들은 이다
어떤 이가 내가 설한 이 법 능히 믿는다면
이 사람은 나와 너를 과거세에 만났었고
이곳 비구 보살들도 만난 적이 있음이다
법화경을 설법함은 지혜인을 위함이라
앎이 적고 미혹하면 절대 이해 할 수 없고

108

일체 모든 성문이나 벽지불의 힘으로도
이 경전을 온전하게 이해할 수 없느니라
지혜 제일 사리불도 믿는 마음 갖고서야
이 경전의 가르침에 들어설 수 있었거늘
어찌 다른 성문이야 말을 하여 무엇하랴
나를 믿는 성문만이 이 경전에 다가설 뿐
제 지혜로 법화경을 이해함이 아니로다
사리불아 교만하고 게으르고 제 생각에
빠져 사는 이에게는 이 경 설법 말지니라
식견 얕고 오욕 속에 묻혀 사는 범부들은
설해줘도 모르나니 그에게도 설법 말라
믿지 않는 어떤 사람 이 경전을 비방하면
세상에서 부처님 될 종자 모두 끊게 되면
혹은 얼굴 찌푸리고 의혹심을 품었을 때
받게 되는 과보들을 설할 테니 잘 들으라
부처님이 계시거나 멸도 하신 뒤에라도
이 경전을 비방커나 경전 읽고 쓰는 이를
경멸하고 미워하며 원한까지 품는다면

그 사람이　받는 과보　어떠할지　들어보라
그 사람은　죽은 뒤에　아비지옥　들어가서
일겁 동안　벌을 받고　그곳에 또　태어나니
수도 없이　많은 겁을　지옥에서　지내니라
그는 지옥　벗어난 뒤　축생으로　태어나서
약한 개나　여우되니　그 형상은　수척하고
못 생기고　더러워서　사람마다　꺼려한다
또한 다시　천대받아　어느 때나　목마르고
굶주림이　계속되어　앙상하게　뼈만 남고
살아서는　죽을 고생　죽어서는　자갈 무덤
부처 종자　끊은 탓에　이런 죄보　받느니라
또한 다시　낙타로나　당나귀로　태어나면
무거운 짐　항상 지고　채찍질을　참아내고
물과 먹이　생각할 뿐　다른 것은　모르나니
법화경을　비방하면　이런 죄보　받느니라
다시 여우　몸 받으니　몸뚱이에　옴 오르고
한쪽 눈이　멀은 채로　동네 마을　들어가면
장난하는　애들에게　몽둥이로　매 맞으며

갖은 고통 　다 겪다가 　비참하게 　죽게 된다
이와 같이 　죽은 다음 　구렁이 몸 　다시 받아
징그러운 　몸의 길이 　오백유순 　되는데도
귀가 먹고 　발이 없어 　꿈틀꿈틀 　기어가니
온갖 작은 　벌레들이 　물어뜯고 　피를 빨아
밤낮으로 　받는 고통 　쉴 사이가 　없음이니
법화경을 　비방하면 　이런 죄보 　받느니라
또한 다시 　사람 되도 　六 根 육근 모두 　암둔하며
앉은뱅이 　곰배팔이 　절름발이 　귀머거리
장님이나 　곱추 등의 　불구자가 　될 뿐더러
무슨 말을 　할지라도 　사람들이 　믿지 않고
입에서는 　늘 냄새나 　귀신들이 　따라 붙고
천박하고 　가난하여 　남의 부림 　당하노라
병도 많고 　여윈데다 　의지할 곳 　전혀 없고
사람 곁에 　다가가도 　붙여주지 　아니하며
어떤 소득 　생겨나도 　금방 다시 　잃게 되고
의술 익혀 　처방 따라 　남을 치료 　한다 해도
병이 점점 　더 하든가 　혹은 되려 　죽게 한다

자기 몸에 병이 나면 구원해 줄 사람 없고
좋은 약을 먹더라도 병이 더욱 악화되며
다른 사람 반역죄나 강도질과 도둑질에
이유 없이 말려들어 심한 고초 당하니라
이 죄인은 성인 중의 성인이신 부처님을
영원토록 못 만나니 어찌 교화 받겠는가
늘 불도를 수행하기 어려운 곳 태어나고
귀 먹거나 산란하여 불법 듣지 못하니라
항하사 겁 오랜 세월 수도 없이 태어나도
그때마다 불구되어 귀가 먹고 말 못하며
지옥 속을 동산에서 노닐듯이 살아가고
삼악도를 제 집처럼 하염없이 드나들며
낙타 나귀 돼지 등과 개의 태^胎에 태어나니
법화경을 비방한 탓 이런 죗값 받느니라
인간으로 태어나도 귀머거리 장님 또는
벙어리가 되기 쉽고 가난하고 쇠약하여
몸 붓는 병 목마른 병 나병 폐병 등창병 등
여러 가지 나쁜 병을 옷을 삼아 입느니라

112

몸은 심한 악취에다 때가 많고 더러우며
내 소견에 집착하여 성내는 일 매우 많고
음욕심이 치성하여 짐승들도 안 가리니
법화경을 비방하면 이런 죄보 받느니라
사리불아 이르노니 법화경을 비방한 자
받는 죄보 말하려면 겁 다해도 끝없도다
이와 같은 인연으로 너희에게 말하노니
지혜 없는 이에게는 결코 이 경 설법 말라
만일 어떤 사람 있어 영리하고 지혜 밝고
많이 듣고 힘써 배워 부처님 도 구하거든
이와 같은 불자 위해 법화경을 설하여라
또 어떤 이 오랜 겁에 백천억의 부처 뵙고
착한 씨앗 많이 심어 마음 깊고 견고하면
이와 같은 불자 위해 법화경을 설하여라
어떤 이가 정진하여 자비심을 항상 닦되
목숨 아니 아끼거든 법화경을 설하여라
또 어떤 이 부처님을 한결같이 공경하여
다른 마음 전혀 없고 어리석은 이들 떠나

산속 등의 조용한 곳 홀로 살고 있거들랑
이와 같은 이를 위해 법화경을 설하여라
또한 다시 사리불아 어떤 이가 어느 때나
나쁜 사람 멀리하고 좋은 벗과 함께 하면
이와 같은 이를 위해 법화경을 설하여라
또한 어떤 불자들이 맑고 밝은 구슬같이
청정계율 지키면서 대승경전 구하거든
이와 같은 이를 위해 법화경을 설하여라
어떤 이가 성 안내고 마음 곧고 부드러워
온갖 중생 사랑하고 부처님 잘 공양커든
이와 같은 이를 위해 법화경을 설하여라
또한 어떤 불자들이 여러 대중 가운데서
맑고 맑은 마음으로 여러 가지 인연들과
비유들과 이야기로 걸림 없이 설법하면
이와 같은 이를 위해 법화경을 설하여라
만일 어떤 비구 있어 일체 지혜 얻기 위해
사방으로 법 구하고 합장하며 받들거나
대승경전 수지하여 간직하기 즐겨할 뿐

소승경의 　한게송도 　받아갖지 　않았다면
이와같은 　이를위해 　법화경을 　설하여라
또한어떤 　사람있어 　불사리를 　구하듯이
지극정성 　다하여서 　법화경을 　구한다음
오직이를 　수지할뿐 　다른경전 　구함없고
외도들의 　가르침에 　관심조차 　안가지면
이와같은 　이를위해 　법화경을 　설하여라
사리불아 　이르노니 　지금말한 　예와같이
겁다해도 　부처의도 　구하는일 　끝없으면
이와같은 　사람능히 　믿고이해 　할것이니
모름지기 　이들위해 　법화경을 　설하여라

한글 큰활자본 기도 독송용 경전 (책 크기 4×6배판)

법화경 / 김현준 역	4×6배판 (양장본) 1책 520쪽 25,000원 / (무선제본) 전3책 550쪽 22,000원

불교 최고 경전인 법화경을 독송하면 소원성취는 물론 깨달음과 경제적인 풍요까지 안겨줍니다.

법화경을 독송하고 사경하면 부처님과 대우주법계의 한량없는 가피가 저절로 찾아들어 업장소멸은 물론이요 갖가지 소원을 두루 성취할 수 있습니다. 특히 밝은 지혜를 얻고 크게 향상하게 되며 경제적인 풍요와 사업의 번창, 시험의 합격 및 승진이 쉬워지고 가족 모두가 평온하고 복된 삶을 누리며, 병환·재난·가난 등 현실의 괴로움이 소멸되고 부모 친척 등의 영가가 잘 천도되며 구하는 바가 뜻과 같이 이루어집니다.

지장경 / 김현준 편역	4×6배판 208쪽 8,000원

지장기도를 하는 분들을 위해 ① 지장경을 처음부터 끝까지 1번 독송 ② '나무지장보살'을 천번염송 ③ 지장보살예찬문을 외우며 158배, ④ '지장보살'천번 염송의 4부로 나누어 특별히 만들었습니다.
지장경 독경 및 지장보살예참과 염불을 할 때, 각 장 앞에 제시된 기도법에 따라 기도를 하게 되면, 지장보살의 가피 속에서 틀림없이 영가천도·업장소멸·소원성취·향상된 삶을 이룩할 수 있게 됩니다.

금강경 / 우룡스님 역 112쪽 5,000원
책 크기만큼 글씨도 크게 하고 한자 원문도 수록하였으며, 독송에 관한 법문도 첨부하였습니다. 사찰 및 가정에서의 독송용으로 매우 좋습니다.

아미타경 / 김현준 편역 92쪽 4,000원
아주 큰 활자 번역본으로, 독경 및 '나무아미타불' 염불 방법을 함께 실었습니다. 사찰에서 대중이 함께 독송할 때 또는 집에서 독송할 때 매우 유용합니다.

유마경 / 김현준 역 296쪽 12,000원
보살의 병은 어디서 오는가? 불도란 어떤 것인가? 깨달음의 세계로 들어가는 불이법문, 참된 불국토를 건설하는 방법 등등 매우 소중한 가르침들을 가득 담고 있으며, 읽다보면 눈이 번쩍 뜨이고 마음이 탁 트입니다.

무량수경 / 김현준 역 176쪽 7,000원
아미타불은 어떠한 분이며, 극락에는 어떠한 장엄과 멋과 행복이 갖추어져 있는가? 극락에 왕생하려면 이 현생에서 어떠한 삶을 살아야 하는가를 자상하게 묘사하고 있어, 독송을 하면 신심이 저절로 우러납니다.

승만경 / 김현준 편역 144쪽 6,000원
여인의 성불 수기와 함께 승만부인의 서원, 정법·번뇌·법신·일승·사성제·자성청정심·여래장사상 등을 분명히 밝힌 주옥같은 경전.(한글 한문 대조본)

약사경 / 김현준 편역 100쪽 4,000원
아주 큰 활자로 약사경 한글 번역본을 만들었습니다. 약사경 독경 방법 및 약사염불법도 함께 실어 기도에 도움이 되도록 하였습니다.

원각경 / 김현준 편역 192쪽 8,000원
한국불교 근본 경전 중 하나로, 중생이 부처가 되려면 어떻게 해야하는지를 12보살과의 문답을 통해 설한 경전으로 쉽게 번역 하였습니다. (한글 한문 대조본)

관음경 / 우룡스님 역 96쪽 4,000원
커다란 글씨의 관음경 해설과 함께 관음경의 원문과 독송법, 관음 염불 방법 등을 수록하여 관음경의 가르침을 쉽게 이해하도록 하였습니다.

밀린다왕문경 / 김현준 편역 신국판 204쪽 7,000원
그리스 왕인 밀린다와 불교 승려인 나가세나가 인생과 불교에 대해 대론한 것을 정리한 경전으로 신심을 크게 불러일으킵니다.

보현행원품 / 김현준 편역 112쪽 5,000원
보현행원품과 예불대참회문을 함께 실어 독경 후 행원품에 근거한 전통적인 108배를 행할 수 있도록 만들었으며, 대참회의 의미도 상세히 설명하였습니다.

자비도량참법 / 김현준 역 양장본 528쪽 25,000원
나의 죄업 참회에서 시작하여 부모 친척 등 온 법계 중생의 업장과 무명까지 모두 소멸시켜주며, 자비가 충만하여지고 환희심이 넘쳐나게 됩니다.

천지팔양신주경 / 김현준 편역 96쪽 4,000원
옛부터 결혼·출산·사업·죽음 등 평생의 삶 중에서 중요한 때마다 이 경을 독송하면 크게 길하고 이롭고 장수하고 복덕을 갖추게 된다고 전해지고 있습니다.

아름다운 우리말 경전 (책 크기 휴대용 국반판)

·금강경	명쾌한 금강경 풀이와 함께 금강경의 근본 가르침을 함께 수록한 책	우룡스님 역	100쪽	2,500원
·아미타경	한글 번역과 함께 독송하는 방법과 아미타불 염불법에 대해 설한 책	김현준 역	100쪽	2,500원
·약사경	한글 번역과 함께 약사기도법과 약사염불법에 대해 자세히 설한 책	김현준 편역	100쪽	2,500원
·관음경	관음경의 번역과 함께 관음기도와 관음염불법에 대해 자세히 설한 책	우룡스님 역	100쪽	2,500원
·지장경	편안하고 쉬운 번역과 함께 지장기도법을 간략히 설한 책	김현준 역	196쪽	4,000원
·부모은중경	부모님의 은혜를 느끼며 기도를 할 수 있게 엮은 책	김현준 역	100쪽	2,500원
·보현행원품	보현보살의 십대원을 중심으로 설하여 참된 보살의 길로 이끌어주는 책	김현준 편역	100쪽	2,500원
·초발심자경문	신심을 굳건히 하고 수행에 대한 마음을 불러일으키게끔 하는 책	일타스님 역	100쪽	2,500원
·법요집	법회와 수행 시에 필요한 각종 의식문, 좋은 몇 편의 글들을 수록한 책	불교신행연구원 편	100쪽	2,500원

영험 크고 성취 빠른 각종 사경집 (책 크기 4×6배판)

광명진언 사경 가로·세로쓰기
(1책으로 1080번 사경) 128쪽 5,000원
모든 불보살님의 총주總呪인 광명진언을 사경하면 그 가피력은 이루 다 말할 수 없을 정도입니다. 하루 108번씩 100일 동안 사경을 행하면 우리에게 크나큰 성취를 안겨주고 심중의 소원이 잘 이루어집니다.

반야심경 한글사경 (1책 50번 사경) 116쪽 5,000원
반야심경 한문사경 (1책 50번 사경) 116쪽 5,000원
반야심경을 사경하면 호법신장이 '나'를 지켜주고 공의 도리를 깨달아 평화롭고 안정된 삶이 함께합니다.

아미타경 한글사경 (1책 7번 사경) 116쪽 5,000원
살아 생전에 아미타경을 사경하거나, 부모님을 비롯한 가까운 분이 돌아가셨을 때 이 경을 쓰면 극락왕생이 참으로 가까워집니다.

관음경 한글사경 (1책 5번 사경) 112쪽 5,000원
관음경을 사경하면 가피가 한량이 없고 늘 행복이 함께 합니다. 학업성취·건강쾌유·자녀의 성공·경제 문제 등에도 영험이 매우 큽니다.

신묘장구대다라니 사경 (1책 50번 사경) 5,000원
대다라니를 사경하면 관세음보살님과 호법신장들이 '나'와 주위를 지켜주고 소원성취와 동시에, 행복하고 자비심 가득한 마음을 가질 수 있도록 해줍니다.

보현행원품 한글사경 (1책 3번 사경) 120쪽 5,000원
행원품을 사경하면 자리이타의 삶과 업장 참회, 신통·지혜·복덕·자비 등을 빨리 이룰 수 있고 세세생생 불법과 함께 하며 보살도를 성취할 수 있습니다.

부모은중경 사경 (1책 3번 사경) 112쪽 5,000원
부처님께서는 부모님의 은혜를 새기면서 이 경을 쓰게 되면 그 어떤 행보다 큰 공덕이 생겨난다고 하였습니다. 정성 들여 사경하면 뜻하는 바가 이루어집니다.

아미타불 명호사경 (1책으로 5,400번 사경) 160쪽 6,000원
'나무아미타불'과 '아미타불'을 오회염불법에 따라 외우고 쓰는 특별한 명호사경집입니다. 집중력을 더하여, 심중 소원 성취에 큰 도움을 줍니다.

금강경 한글사경 (1책 3번 사경) 144쪽 6,000원
금강경 한문사경 (1책 3번 사경) 144쪽 6,000원
금강경 한문한글사경 (1책 1번 사경) 100쪽 4,000원
요긴하고 으뜸된 경전인 금강경을 사경해 보십시오. 업장소멸과 함께 크나큰 깨달음과 좋은 일들이 저절로 다가옵니다.

법화경 한글사경 (전5책) 권당 5,000원 총 25,000원
법화경을 사경하면 부처님과 대우주법계의 한량없는 가피가 저절로 찾아들어 소원성취·영가천도는 물론이요 깨달음과 경제적인 풍요까지 안겨줍니다.

약사경 한글사경 (1책 3번 사경) 112쪽 4,000원
약사경을 사경하면 약사여래의 가피가 저절로 찾아들어, 병환의 쾌차, 집안 평안, 업장소멸을 비롯한 갖가지 소원을 쉽게 성취할 수 있습니다.

천수경 한글사경 (1책 7번 사경) 112쪽 5,000원
천수경을 사경하고 독송하면 천수관음의 가피가 저절로 찾아들어, 업장 및 고난의 소멸과 갖가지 소원을 쉽게 성취할 수 있습니다.

지장경 한글사경 (1책 1번 사경) 144쪽 6,000원
지장경을 사경하고 영가천도는 물론이요, 각종 장애가 저절로 사라지고 심중의 소원이 성취됩니다. 백일 또는 49일 동안의 사경기도를 감히 권해 봅니다.

화엄경약찬게 사경 (1책 12번 사경) 112쪽 5,000원
화엄경약찬게를 쓰면 화엄경 한 편을 읽는 것과 같은 공덕이 생긴다고 하였습니다. 약찬게를 써 보십시오. 수많은 가피가 함께 찾아듭니다.

천지팔양신주경 사경 (1책 3번 사경) 112쪽 5,000원
옛부터 건축·결혼·출산·사업·죽음 등 평생의 삶 중에서 중요한 때마다 읽고 쓰면 크게 길하고 이롭고 장수하고 복덕을 갖추게 된다고 전해지고 있습니다.

보왕삼매론 사경 (1책으로 27번 사경) 120쪽 5,000원
삶의 문제들을 지혜롭게 해결하는 방법을 제시한 보왕삼매론을 사경하면 생활 속의 걸림돌이 디딤돌로 바뀌고 고난이 사라져 편안하고 행복해집니다.

관세음보살 명호사경 (1책으로 5천4백번 사경) 108쪽 5,000원
지장보살 명호사경 (1책으로 5천번 사경) 108쪽 5,000원
'관세음보살'이나 '지장보살'의 명호를 쓰면서 입으로 외우고 마음에 새기면, 관세음보살님과 지장보살님의 가피를 입어 몸과 마음이 큰 변화를 이루고, 마음속의 원을 능히 성취할 수 있습니다.

편역자 김현준 金鉉埈

동국대학교 대학원에서 불교학을 전공하고, 한국학중앙연구원에서 한국불교를 연구하였으며, 우리문화연구원 원장, 성보문화재연구원 원장을 역임하였다. 현재 불교신행연구원 원장, 월간「법공양」발행인 겸 편집인, 효림출판사와 새벽숲출판사의 주필 및 고문으로 활동하고 있다.

저서로는『참회와 사랑의 기도법』·『기도성취 백팔문답』·『광명진언 기도법』·『신묘장구대다라니 기도법』·『참회·참회기도법』·『불자의 자녀사랑 기도법』·『미타신앙·미타기도법』·『관음신앙·관음기도법』·『지장신앙·지장기도법』·『석가 우리들의 부처님』등 30여 종을 비롯하여, 불자들의 신행을 돕는 사경집 20여 종이 있으며, 번역서로는『법화경』·『원각경』·『지장경』·『육조단경』·『약사경』·『승만경』·『부모은중경』·『보현행원품』·『자비도량참법』·『선가귀감』등이 있다.

법화경 한글 사경 ① (무선제본)

초 판 1쇄 펴낸날 2015년 5월 15일
　　　 20쇄 펴낸날 2025년 2월 13일

옮긴이 김현준
펴낸이 김연수

펴낸곳 새벽숲
등록일 2009년 12월 28일 (제321-2009-000242호)
주 소 서울특별시 서초구 반포대로14길 30, 907호 (서초동, 센츄리I)
전 화 02-582-6612, 587-6612
팩 스 02-586-9078
이메일 hyorim@nate.com

값 5,000 원

ⓒ 새벽숲 2015
ISBN 978-89-969626-4-9 04220
　　　 978-89-969626-3-2 04220 (세트)

새벽숲은 효림출판사의 자매회사입니다 (새벽숲은 曉林의 한글풀이).